Thérèse Belzile

Les clefs perdues

À Marie-hélène

« Les plus désespérés sont les chants les plus beaux
Et j'en sais d'immortels qui sont de purs sanglots »

Alfred de Musset

PRÉFACE

J'ai rêvé une nuit que j'écrivais cette préface.

Préface d'un livre que je n'ai pas lu, que je me sens incapable de lire parce que j'en connais trop bien l'histoire …

Une histoire dont je connais les personnages, les expressions préférées, le rire, la douceur, le désespoir, l'impatience, la colère, l'extraordinaire volonté.

Personnages avec lesquels j'ai vécu les plus accablants moments de désespoir, mais aussi les plus belles victoires.

Le fait est que nous vivons dans un monde qui demande à être conquis. Enfin, c'était là le lot des vies avec lesquelles il semble que j'aie choisi d'entreprendre mon histoire. Toujours un défi physique entraînait des souffrances émotives. Comme s'il n'était pas déjà suffisamment exigeant de vivre, tout simplement. Il fallait des épreuves qui mettent au défi notre vie, jusqu'à la menace même de la mort, étape tant redoutée du cheminement de l'homme.

Toutes les familles ont leur histoire. Certains destins sont plus tragiques, d'autres plus joyeux. Mais au bout du compte, cela revient au même. J'ai lu un jour dans un livre de Richard Bach : « Tous les problèmes ont leur cadeau. Tu cherches les problèmes parce que tu as besoin de leurs cadeaux. » Je crois que toutes les situations que l'on vit de la naissance à la mort sont l'occasion d'apprendre et de se comprendre. Il n'y a pas de temps à perdre ni de regrets à avoir. Il n'y a que des étapes à traverser.

En vivant au sein de cette famille, j'ai connu la différence, la souffrance, la détermination. Par-dessus tout, j'ai appris qu'il y a TOUJOURS pire que soi. Ces expériences ont grandi avec moi et m'ont permis d'intégrer les différents aspects de la condition humaine. En effet, que croit-on véritablement comprendre d'une émotion ou d'une douleur physique si on ne l'a jamais ressentie soi-même? Les « je comprends » compatissants sont encourageants lorsque l'on souffre. Les « j'imagine » passent la limite. Mais rien ne vaut l'expérience. Car finalement, l'on est toujours seul avec soi-même à surmonter les obstacles. Le support, la véritable aide se manifeste par un accompagnement, une disponibilité, une présence.

Après un grave accident de la route, comme après l'annonce d'une grave maladie, nous avons le choix : nous laisser mourir de désespoir ou nous lever et marcher.

Je voudrais remercier ma mère d'avoir choisi de vivre. Je lui dois la force et la foi. Si je devais la décrire en deux mots, ce seraient les mots FORCE …et CŒUR. C'est peut-être pour décrire cette force du cœur que l'on a inventé le mot COURAGE.

Marie-hélène Saint-Amour

CHAPITRE PREMIER

Soir de danse

Mai 1991

Ce soir au collège, c'est la fête annuelle qui souligne l'ancienneté de certains membres du personnel.

Dix ans ont passé depuis l'accident. Depuis maintenant sept ans et demi, je suis rentrée au travail. Oui, il y a déjà dix ans que j'ai passé à deux cheveux de la mort. Au bout de trois mois d'hôpital, je me suis retrouvée chez moi sans savoir ce qui m'était arrivé. Oh! On m'a bien dit que j'avais subi un terrible accident, que j'avais fait du coma, mais ce n'est que quelques années plus tard, en voyant une photo dans un journal que me montrait un ami de la famille qui s'était rendu sur les lieux de l'accident, que je me suis rendu compte de la gravité de ce choc : en partant du poste de péage où je venais d'effectuer le paiement nécessaire, j'ai perdu connaissance en avançant sur le garde-fou qui était là pour protéger du ravin dans une courbe assez prononcée. La tige d'acier a donc brisé le pare-brise et s'est introduite dans mon crâne tombé sur le volant.

Le jour où je me suis retrouvée là au milieu des miens, j'ai eu la soudaine impression de sortir d'un mauvais rêve... Pourtant en regardant ces gens s'affairer autour de moi, moi qui ne pouvais plus bouger de l'endroit où on m'avait déposée, il a bien fallu que je revienne à cette pénible réalité qui me forçait à continuer à vivre ce cauchemar.

Mais ce soir, je n'ai pas le temps de m'occuper de ces moments du passé puisqu'on s'en va prendre l'apéro au Café étudiant.

En arrivant dans la salle, j'aperçois Réginald, un verre à la main, qui fait la conversation avec des collègues. Depuis quelque temps, ce membre de l'exécutif du syndicat m'aide à comprendre les règlements du régime de retraite au sujet de l'exonération des cotisations à laquelle je crois avoir droit. Les nombreux contacts que nous avons eus à ce sujet nous ont aidés à mieux nous connaître et j'apprécie beaucoup le temps qu'il me consacre.

Dans le brouhaha des conversations, ses yeux croisent les miens. Je souris à son regard silencieux, attentif; en retour, il me sert un clin d'oeil. Comme toujours, je n'arrive pas à savoir vraiment ce qu'il a derrière la tête. Il n'a pas l'air malheureux, mais il n'est sûrement pas des plus heureux. Je sens que quelque chose le tracasse, mais je ne peux deviner quoi. Comme moi, il enseigne au cégep depuis plus de vingt ans; son travail semble lui plaire. Oh bien sûr! Je sais qu'il est divorcé, mais il n'a jamais parlé de sa femme, sinon pour dire qu'il l'avait quittée, il y a de cela à peu près dix ans (presque au moment de mon accident). Pourquoi? Je l'ignore, ce qui m'incite à penser tout simplement qu'il ne l'aimait plus ou qu'elle le trompait. Que s'est-il passé? Est-ce pour cela qu'il est si désabusé? Et ses enfants, comment s'occupe-t-il d'eux? Sa fille achève son secondaire, elle vit avec sa mère. Son fils s'intéresse à la mécanique comme lui et ils travaillent ensemble à la réparation de vieilles voitures dans leur temps de loisir. Réginald sait très bien cacher ses opinions comme ses sentiments derrière des apparences détachées, l'air au-dessus de tout, comme si rien ne le touchait, comme si rien ne le faisait vibrer. Pas plus de discussion sur la politique que sur le sport ! Que de l'intérêt pour l'informatique ! Bref, il est devenu un ordinateur ambulant. Pas de place pour l'amitié pas plus que pour l'amour de personne même si son amabilité lui gagne l'estime de tous.

Je suis là à l'observer depuis de longues minutes et soudain mon esprit me rappelle que c'est l'heure de ma petite pilule, un antispasmodique que je dois prendre avant les repas à l'extérieur depuis l'accident.

Il m'est arrivé de malencontreux incidents alors que je venais à peine de recommencer à vivre. La dernière fois, j'étais au restaurant où j'avais amené souper ma femme de ménage pour la remercier des nombreux services qu'elle me rendait. Au beau milieu du repas, je n'avais mangé qu'une mince moitié de ces succulents rognons de veau qu'avait si bien apprêtés le chef de ce petit restaurant français que je fréquente souvent depuis l'accident, lorsque je me suis soudainement sentie prise d'une nausée incontrôlable: on m'a alors demandé si je me sentais capable de me lever, j'ai fait signe que non. On a alerté aussitôt le serveur et, avant que je ne vomisse, il a eu le temps de sortir une chaise et de m'amener, tant bien que mal, à l'extérieur du restaurant. Heureusement, c'était l'été et il faisait beau. Il s'est empressé de m'éponger le front et le cou avec une serviette d'eau froide pleine de glaces. Quelques minutes plus tard, tout était redevenu normal, mais je ressentais une grande lassitude et j'étais fâchée d'être encore la victime.

Tout cela arrive si vite que personne n'a le temps de réagir. J'ai alors l'impression que je vais m'évanouir. Ces états lamentables ne se produisent que depuis l'accident. D'après le neurochirurgien, ça ne semble pas être relié au traumatisme crânien. J'en ai parlé au physiatre: il croit que c'est nerveux et qu'il suffit alors de me calmer. J'ai fini par en parler au généraliste: il m'a donné ces petites pilules, des antispasmodiques, et ça marche! Bien sûr, c'est embêtant de toujours avoir à prendre un médicament, mais j'aime mieux me plier à cet emmerdement que de subir le déplaisir du spectacle que j'oblige à regarder les gens qui m'entourent.

Il m'est même arrivé, un soir où j'avais consciencieusement pris ma petite pilule, de ressentir cette espèce de nausée. J'étais au restaurant, avec une amie infirmière, à la fin d'une session au collège durant laquelle j'avais beaucoup travaillé. Lorsque je lui ai fait part de mon malaise, elle s'est empressée d'aller me chercher de la glace et m'a littéralement arrosée. Me regardant réagir et n'ayant pas l'effet espéré, elle a alors pensé que je pouvais souffrir d'une chute de tension. Elle a couru au téléphone et a composé le 911. Ayant constaté que ma tension était dangereusement basse, les ambulanciers m'ont convaincue de venir à l'hôpital d'où je ne devais sortir que deux heures plus tard, sans avoir reçu le moindre soin. Mon amie m'avait accompagnée à l'hôpital. Elle avait eu aussi la présence d'esprit de faire mettre de côté notre souper au restaurant, ce qui fait que nous avons mangé un assez bon repas tranquillement à la maison.

Ce soir, même si j'assiste à presque toutes les fêtes du Collège depuis mon retour, l'esprit de la fête m'anime et me donne le sentiment d'être plus qu'un simple spectateur. Mais sans cette satanée pilule, je ne sais ni où ni à quel moment il va m'arriver un malheur … Cet oubli m'ennuie vraiment... surtout que l'idée de déranger les gens me contrarie. Si ça se produit, la soirée de tout le monde est gâchée en plus de la mienne.

Soudain Élise s'approche. Je l'attrape prestement et lui demande si elle ne viendrait pas chez moi chercher mon médicament. Je lui explique que mon inquiétude s'atténuerait si je le prenais. Elle comprend et accepte avec plaisir. Cette professeur d'anglais, je ne la connais que pour l'avoir rencontrée quelques fois aux réunions ou aux soirées, mais elle m'a toujours semblé si aimable, si disponible que ce n'est pas trop difficile pour moi de lui demander de me rendre ce service.

Je ne demeure qu'à dix minutes du collège en auto, mais le temps qu'il me faut maintenant pour sortir du collège et y entrer est si long ! Ça me prend tellement de temps … Pour un pas que je fais, un marcheur moyen en fait quatre. Moi qui avais la réputation de marcher vite. Il ne me passait jamais par l'esprit que cette opération était complexe. Pourquoi est-ce devenu si difficile de mettre un pied devant l'autre ? Ma démarche est si lente que je m'amuse souvent à compter lorsque quelqu'un commence à marcher en même temps que moi dans le corridor! Mais cela ne semble pas ennuyer Élise... j'en suis fort aise! L'idéal pour la personne qui m'accompagne, c'est de me laisser prendre son bras droit et de lui demander de tenir ma canne de sa main gauche. De cette façon, je me sens plus solide, j'ai moins peur et je marche un peu plus rapidement. L'autre peut alors plus facilement ajuster ses pas à mon rythme. Bavardant bras dessus, bras dessous, nous arrivons à l'entrée principale près de laquelle Élise a garé sa voiture. Heureusement, cette sortie est à proximité de l'endroit où se passe la soirée, mais il faut quand même parcourir deux corridors et prendre l'ascenseur avant d'y arriver. Une autre chance: l'été se fait déjà sentir, et particulièrement aujourd'hui. Nous n'avons donc pas besoin d'aller à nos bureaux chercher nos manteaux.

Même si j'ai réintégré mes fonctions au collège depuis longtemps, je les trouve toujours longs, ces corridors! Il m'arrive de plus en plus souvent d'avoir mal au pied ou au genou droits. Après mon départ de l'IRM (Institut de réadaptation de Montréal), suite à cinq mois de traitements de toutes sortes, on m'a affublée d'une orthèse en plastique, faisant tout le dessous du pied et montant derrière le mollet. Ceci assure le maintien de ma jambe et me protège d'une entorse ou d'une foulure de la cheville. Tout cet attirail est bien beau, mais la marche est très inconfortable même si je porte des souliers d'homme pour laisser plus de place à cette orthèse. Malgré cela, mon pied droit enfle et la peau des orteils s'irrite à cause du manque d'espace. J'endure même en permanence un cor au petit orteil.

En plus de ces douleurs liées au port de l'appareil, ma démarche demeure très laborieuse: pour arriver à bouger et à poser mon pied droit à un endroit convenable qui puisse assurer le pas suivant, ma jambe impotente doit effectuer un demi-cercle vers la droite. Une physiothérapeute de l'IRM dit que mon allure ressemble à celle d'un crabe, mais aucune n'a jamais trouvé pourquoi, du moins, personne ne me l'a dit. Elle me dit de plier le genou, mais ne m'explique pas comment ni à quel moment. Enfin, lorsque je réussis à poser le pied droit (jamais vraiment verticalement, mais toujours en angle vers la droite), le genou qui suit le pied demeure vers l'arrière (on dit qu'il est en extension externe), de sorte que, après presque dix ans d'exercices mal contrôlés, je développe une nouvelle douleur au genou. J'ai parfois l'impression que le genou va me sortir par le jarret.

Et voilà! Au bout de cinq bonnes minutes de marche, on arrive à la porte d'entrée. Élise me laisse pour aller chercher sa voiture et la placer le plus près possible de la porte. Comme mon équilibre est incertain, l'opération descente d'escalier est très peu rassurante pour moi. Il me faut tenir solidement l'appui-main pour descendre lentement. J'aime encore mieux quand quelqu'un est là, de l'autre côté. On n'a pas besoin de me tenir, il me suffit de penser que si je fais un faux mouvement, on ne me laissera pas tomber. Une fois au bas de l'escalier, la personne qui veut m'aider me permet de m'agripper à son bras. Sur le trottoir, j'aime mieux me tenir à un bras que de me fier à ma canne. Élise est très attentive. Elle m'accompagne donc jusqu'à la voiture. En arrivant à l'auto, elle doit reculer le siège au maximum pour me permettre d'entrer plus facilement mes longues jambes, dont l'une ne plie pas par elle-même à cause de la spasticité, cet état qui rend les membres inflexibles et difficiles à bouger.

Enfin, nous partons. Les feux de circulation nous facilitent le trajet. Pas un feu rouge! En moins de dix minutes, on tourne le dernier coin.

Ça fait bien une demi-heure qu'on a quitté la salle! Dans le Café étudiant, les professeurs et les patrons doivent être en train de prendre l'apéro. Nous, nous arrivons à la maison. Quand j'arrive à la porte, aidée d'Élise, il ne me reste plus qu'à sortir ma clé attachée à une chaîne pour ne pas qu'elle tombe et enfin, tout lâcher le temps de déverrouiller la porte. Ce geste anodin m'oblige à me garder en équilibre quelques secondes.

Comme d'habitude, il y a une lumière allumée, de sorte qu'en entrant, on peut voir ce qui se passe. Un dégât !... Canèle ..., la petite chienne, a fait un dégât ! J'ai adopté ce petit chien pour ma fille, Marie-hélène, et elle est devenue son amie, sa confidente. Elle est aussi devenue mon amie. Et ce soir, elle a fait des siennes parce que l'attente a sans doute été trop longue. Elle veut nous rappeler qu'elle existe!

Avant de repartir, Élise ramasse, nettoie malgré mon dé-saccord. Après tout, Canèle n'a vidé que la poubelle de mon bu-reau. Ce ne sont que des papiers qui auraient pu être ramassés demain. Je n'aime pas que les gens se sentent obligés de tout faire pour moi, mais en moins de deux, tout est réglé.

Cet aller-retour nous a permis d'être exemptées des dis-cours, mais à notre arrivée, tout le monde est déjà à table. Au premier coup d'œil, il ne semble pas y avoir deux places libres ensemble. Élise cherche ses collègues pendant que je regarde au-tour de moi. Mes amis du syndicat semblent avoir une place à m'offrir... À ce moment, j'aperçois Élise qui revient voir si j'ai une place. Tout est parfait, on s'est trouvé chacune un petit coin à notre goût.

- Alors d'accord, je te ramène à la fin de la soirée ? dit-elle.

14

- Oui, merci !

Je suis très heureuse ! Des gens chaleureux m'entourent et on m'offre de me reconduire chez moi, quelle chance ! D'habitude, c'est un taxi qui me ramène et ça m'oblige à demander au chauffeur de m'accompagner jusqu'à la porte. C'est la première fois que je me sens presque comme mes collègues, assise à leurs côtés sans que personne ne pense à la pauvre petite handicapée ! Malgré ce manque d'équilibre qui m'oblige à m'appuyer sur ma canne quadripode quand je suis debout, la soirée est quand même agréable parce qu'on me fait oublier mes problèmes et je retrouve enfin celle que j'étais avant cet accident de voiture qui a failli gâcher ma vie.

Au moment de ma prise de conscience de la vie autour de moi, j'avais tout oublié... tout, sauf ma petite fille de sept ans qui était peut-être morte dans l'accident puisqu'on ne me l'amenait pas à l'hôpital. On m'a raconté plus tard que mon retour à la vie était jonché de pleurs comme ceux d'un bébé. Et je pleurais chaque fois que l'image de Marie-hélène se présentait à mon esprit. Même si on me répétait qu'elle était bien, mon esprit était incapable de s'en souvenir. J'avais perdu la mémoire immédiate. Pourtant, c'est pour cette mignonne petite fille que je suis revenue à la vie, que j'ai réappris à parler, à marcher, à travailler. C'est pour elle que ma vie a repris tout son sens et qu'elle a recommencé à suivre son cours. On dit qu'une personne qui vit un coma a le choix de vivre ou de mourir. Je crois avoir choisi de vivre ... d'abord pour ma fille.

Oui, ma mémoire avait flanché : mon identité, mes amours, mon travail ? Où étaient rendus mes désirs, mes espoirs, mes objectifs ?

Mon identité : plutôt autoritaire, décidée, n'ayant peur de rien. Mon énergie me donnait une image presque intraitable. Ce qu'on ignorait et ... ce qu'on ignore encore, c'est que l'amour m'a toujours rendue dangereusement soumise et vulnérable. Portée à tout exagérer, excessive, l'obsession me domine, mais je suis prête à tout donner pour répondre aux désirs des gens que j'aime.

Mes amours : beaucoup d'amis, des amis sincères, m'entourent, mais toute ma vie, j'ai rêvé du grand amour ! Oh, il est bien passé dans ma vie, mais si peu longtemps ! Pour compenser, je me suis jetée dans le travail. Après tout, on est par ce que l'on fait. Et mon désir était de tout faire : les HÉC, les assurances, l'enseignement à Lourdes de Blanc Sablon, la correction de travaux de français, les études en littérature puis en linguistique, tout cela m'a amenée au collège où j'ai d'abord enseigné la linguistique, puis la littérature en m'occupant parallèlement de l'Éducation des adultes, du département. Et au moment de l'accident, j'occupais le poste de coordonnatrice provinciale de l'enseignement du français au collégial.

Mon but a toujours été d'arriver au succès, de devenir célèbre, de vivre le grand amour, le vrai, celui qui dure…

Et ce soir, entourée de mes collègues, j'espère passer une soirée agréable!

Me voilà à côté d'un professeur de biologie qui a commencé à pratiquer l'acuponcture. Il se met aussitôt à me vendre l'idée de la crânioponcture. Il m'explique qu'en introduisant des aiguilles à certains endroits du crâne en même temps qu'à certains points moteurs, on peut stimuler le corps en faisant circuler l'énergie. L'énergie se rééquilibrant, on pourrait voir des progrès tant au niveau de la spasticité que de l'équilibre ou de la démarche. Tout pourrait s'améliorer… plus ou moins ! Et il ajoute que des maux de tête pourraient me causer des inconvénients durant les traitements. Ça, c'est la goutte qui fait déborder le verre ! D'abord, l'idée de me rendre régulièrement je ne sais trop où pendant un temps indéfini pour recevoir de gentilles petites piqûres un peu partout sur la tête ne m'emballe pas tellement. Je pense avoir eu mon lot de douleur. Il y a maintenant bien assez des problèmes de tendinite ici ou de muscle étiré ou coincé là qui me font courir à l'IRM pour recevoir des traitements. Et puis, ça ne me tente vraiment pas d'endurer en plus des maux de tête sans même savoir si ça va donner quelque chose. Mais je ne veux pas commencer une longue conversation à ce sujet maintenant, alors je lui mentionne simplement que je ne ferai rien sans l'approbation de mon médecin et je lui donne son numéro de téléphone.

Heureusement, Réginald est là, lui qui ne m'a jamais parlé d'autre chose que des affaires que je lui soumets. C'est la première fois que par hasard, nous allons passer quelques heures ensemble en dehors de nos salles de cours ou du local du syndicat. Ce soir, on s'amuse ! On oublie la santé et le travail !

Alors, on regarde le menu : fruits de mer et surtout, homard. Après être allé chercher du vin, Réginald m'offre de décortiquer la petite bête... Et on savoure... en parlant bouffe. Un homard tout défait, ça se mange bien ! Un autre collègue, « spécialiste des vins » y met du sien en alimentant la conversation d'une critique positive de ceux qui sont servis ce soir... et qu'il a choisis. Puis, c'est la tournée des fromages suivie d'un petit dessert qu'on ne peut s'empêcher de goûter, même si on n'a plus réellement faim.

C'est alors la musique qui se met de la partie ! J'ai encore une bouchée à avaler lorsque Réginald me prend le bras pour m'inviter ... Il attend ... et comprend mon acceptation. Aussitôt, il laisse mon bras pour me regarder me lever parce qu'il sait que c'est une action qui doit venir de moi seule. Je ne peux me lever, surtout si on me tire par le bras, il faut que ma main soit bien appuyée sur la chaise pour réussir à en faire décoller mes fesses, ce qui me permet de redresser mon corps. Comme mon danseur sait que j'aime bien prendre le bras d'un homme pour marcher, à peine debout, je retrouve son bras qui attend le mien et c'est ainsi que nous nous rendons à la piste de danse. Alors, il me prend par la taille en me demandant :

- Maintenant, qu'est-ce que je fais ?

- Attends une minute ... D'abord, il me faut passer le bras autour de ton corps... comme ça..., mais il me faut te tenir un peu plus serré que le monde ordinaire, ça te dérange ?

- Non, au contraire !

- La main droite, elle, pourrait être sur ton épaule, mais elle ne tiendrait pas ! Elle ira où elle voudra ! Toi, tu te trouves une place pour me tenir et tu essaies de me faire suivre... Il ne faut pas que tu ailles trop vite !

Et je danse ! Oh, si peu ! Et pas vite ! Ma jambe droite qui n'est plus complètement paralysée, traîne un peu : elle souffre encore de parésie, comme le dirait mon physiatre. C'est quelque chose entre la paralysie totale et l'aisance à marcher. La musique est belle, chose rare dans les fêtes des dernières années au Collège puisqu'on s'est adapté à la nouvelle génération. Avant l'accident, on conservait la musique du temps de la jeunesse des profs, maintenant, elle n'est qu'occasionnelle !

La situation est idéale ! Ce soir, je pourrai sûrement profiter de la danse parce qu'il me semble n'avoir pas été si bien entourée depuis bien longtemps. La musique d'il y a quinze ans et même les chansons d'il y a plus de trente ans…, du temps d'Elvis Presley, me fascinent encore ! Ce soir, le choix semble répondre à mes désirs. C'est bien parti ! Cette première danse, c'est la plus facile : un *slow* comme on disait dans le temps. Et Réginald fait bien les choses, pas trop vite, mais pas trop lentement. En tout cas, c'est mon sentiment. Peut-être ne bouge-t-il presque pas. Mais moi, je danse dans ma tête et c'est bien comme ça !

Aussitôt la danse terminée, une autre la suit. Mon partenaire n'abandonne pas, il me lance un regard taquin et m'entraîne un peu plus vite dans un nouveau rythme. C'est un twist ! J'aimais bien cette danse, alors allons-y ! Si j'arrivais à me tenir, c'est peut-être l'exercice qui débloquerait ma hanche droite. Mon compagnon me tient la main et on continue …

Ouf ! C'est fatigant danser ! On va s'asseoir pour placoter avec les amis. Un air de valse me ramène aux rythmes de la danse. Quand Réginald aperçoit mon regard intéressé, il me tend le bras et on repart. Cette musique me donne l'impression de voltiger, d'être souple, souple !

Enfin, l'animateur annonce une danse moderne : il faut faire ce qu'il demande, changer de partenaire… Réginald me tape sur l'épaule en signe d'encouragement, m'invitant à le suivre. Bien sûr, l'idée de me retrouver seule au beau milieu de la piste, sans appui, sans canne, m'effraie, mais j'accepte, me disant que personne n'osera me lâcher seule dans le vide. Et quand arrive le moment où l'on doit laisser son partenaire, je demande à ce dernier de m'amener près d'une chaise… Et le tour est joué. Quelle chaleur ! Mais la bière est bonne …….

La soirée avance, il y a déjà des départs. Élise s'approche pour me demander si je suis prête à partir. Je la remercie en lui disant que quelqu'un m'a offert de venir me reconduire. Ça l'arrange : elle désirait partir tout de suite.

Le monde s'en va, mais Réginald doit nettoyer la salle après. Alors j'en profite pour jaser ici et là avec des collègues. Puis, il m'approche pour me donner rendez-vous à la sortie arrière du collège.

Vingt minutes plus tard, nous arrivons à la porte chacun de notre côté :

- On va sortir ensemble et je vais aller chercher ma voiture pendant que tu te diriges de ce côté, d'accord ?

- C'est parfait !

Quelques instants plus tard, une voiture sport arrive, elle est bien basse ! Il ouvre la portière :

- Tu as besoin que je vienne t'aider ?

- Euh ! Non ! Je crois que ça ira !

Et comme d'habitude, je me place le dos à la voiture pour me laisser tomber sur la banquette avant. Mais cette fois, ça descend… ça descend… tout à coup, rien ne peut plus me retenir et je tombe les fesses les premières sur le siège ! Ça fait une drôle de sensation, mais tout est bien qui finit bien.

Il n'y a pas beaucoup de monde dans la rue, alors ce n'est pas long qu'on arrive chez moi. Et là, à cette heure-ci naturellement, il n'y a pas une seule place pour stationner devant la maison. On va tourner au coin pour faire le tour du pâté de maisons et on trouve une place près du coin de la rue adjacente. Réginald s'arrête, stationne sans me demander si je peux marcher cette distance… Ma réaction est de ne rien dire tout en étant flattée qu'il ne s'inquiète pas. Après tout, la distance n'est pas très grande et, après avoir ouvert la portière, il me demande:

- Qu'est-ce que je peux faire pour t'aider ?

- Attends… si tu m'aides à me sortir les jambes et si tu tiens bien la porte ouverte, je pourrai me tenir après pour me lever. Pendant ce temps, si tu prends mon bras droit et le soulèves doucement, ça m'aidera à me lever.

- D'accord, vas-y !

Et on réussit du premier coup ! Il me donne ma canne et on marche en bavardant. Il s'ajuste si bien à ma vitesse que j'ai l'impression d'être comme tout le monde.

En montant la petite marche sur le seuil de ma porte, mon pied ne lève pas assez et voilà que je me retrouve étendue à terre. L'espace d'une seconde, c'est la panique parce qu'il m'est impossible de savoir comment me relever, mais je n'ai même pas le temps d'analyser la situation que mon ami me remet debout facilement ! Et nous rentrons.

CHAPITRE 2
Avant l'Institut

Il est si loin aujourd'hui, ce jour où je suis rentrée chez moi après tous ces mois à l'hôpital et à l'Institut de Réadaptation. Depuis près de dix ans, je vis avec les séquelles de cet accident qui aurait pu, au pire, me tuer, me laisser légume ou me rendre aphasique*, sans compter l'hémiplégie qui, selon les prédictions, devait me clouer au fauteuil roulant pour le reste de mes jours. Je dois donc me considérer très chanceuse d'être où et comme je suis même si je n'ai pas un très grand esprit de résignation.

Cependant, à l'intérieur de moi, tout est bouleversé... Dans ma tête et dans mon cœur, je me sens toujours la même... Pourtant ce corps, qui jusqu'à maintenant obéissait automatiquement à tous mes désirs, à tous mes besoins, eh bien, il ne veut plus répondre à mes demandes les plus élémentaires. Le résultat ? Je ne peux plus me contenter de penser à mes activités nombreuses et à courir pour les accomplir. Je dois maintenant occuper mon esprit d'abord à prévoir ce qui se passera physiquement, puis effectuer toutes les opérations nécessaires en y pensant avant d'accomplir ce vers quoi était prévue mon occupation.

De plus, je me suis assez difficilement habituée à vivre avec cette nécessité de toujours devoir compter sur l'aide de tous et chacun pour une multitude de choses à faire, choses souvent banales. Mais ... la vie n'est-elle pas faite de détails? Aujourd'hui, après une dizaine d'années, il m'arrive rarement de demander, mais hélas, je me trouve parfois dans l'obligation de le faire. Ça m'arrivera toujours trop souvent. Je ne vise qu'à retrouver ma nature autonome et indépendante, celle qui me caractérisait autrefois.

L'autonomie, l'indépendance, ça se perd si vite! Du jour au lendemain, je devais passer de celle qui n'avait besoin de personne à celle qui n'avait même plus la permission de penser pour elle-

---

* Perte de la compréhension et de l'expression du langage

même et par elle-même. Tout le monde m'avait pris en charge. C'était sûrement un gros fardeau pour tous, mais pour moi, c'était m'enlever la vie... J'étais redevenue un tout petit bébé qui dépend de tous ceux qui l'entourent. J'avais vraiment l'impression de commencer une nouvelle vie. Je ne me retrouvais plus, je ne me reconnaissais plus.

Arrivée à l'urgence de l'hôpital le 25 octobre, je devais commencer à retrouver mes esprits seulement trois mois plus tard en rentrant à la maison... Je ne me souviens de rien de ce long moment passé à l'hôpital... sinon de ce rêve que j'ai fait..............

Papa est là, à mes côtés; il y a une fête pour les employés de l'hôpital et peut-être aussi pour les malades qui peuvent circuler. On a invité le Père Gédéon. Tout le monde est donc dans une grande salle de l'hôpital, loin des malades alités. J'explique à papa ce qu'il faut faire: m'aider à sortir du lit, m'asseoir dans le fauteuil roulant, sortir doucement de la chambre sans faire de bruit, aller vers la porte du fond pour ne pas être repérés, puis descendre l'escalier................

Beaucoup plus tard, quand je raconte mon rêve à mon frère qui me demande si je me souviens de quelque chose, il sourit avant de m'expliquer qu'il ne s'agit pas d'un rêve, mais de ce qui s'est vraiment passé. Au retour d'un bref congé chez moi après Noël, ma sœur Louise m'avait annoncé que mon séjour à l'hôpital tirait à sa fin... Pour moi, c'était désormais inutile de demeurer là plus longtemps, je ne voulais pas rester une journée de plus dans cette prison, alors j'ai planifié ma sortie....

C'est papa qui devait avoir la chance d'être mon premier visiteur après Louise. C'est donc lui qui a dû subir mes projets excentriques. Je ne me souviens même pas de ce qui s'est passé, de ce qu'il a fait pour me détourner de mes intentions ... mais ma mémoire a conservé ce désir intense de rentrer chez moi. Ce moment si important où je pouvais enfin entrevoir la réalité d'un retour à la maison a sûrement stimulé mes fonctions et mon cerveau s'est remis à la tâche.

Bien avant le souvenir du rêve, je n'avais pas oublié Marie-hélène. Je crois avoir pensé souvent à ma fille. On m'a dit avoir vu des larmes couler de mes yeux lorsqu'on me parlait d'elle quand j'étais dans le coma. Elle seule existait dans ma tête et dans mon coeur. Je ne saurais vraiment situer à quel moment, mais je me souviens avoir souvent cru qu'elle était dans la voiture au moment de l'accident et alors ... je me demandais où elle était. J'avais peur qu'elle ne soit morte et qu'on ne veuille pas me le dire ... et je n'osais pas le demander de peur d'avoir à subir les affres d'une horrible situation. S'il avait fallu que j'apprenne qu'elle n'était plus de ce monde, décédée à cause de moi dans ce stupide accident, je crois que je n'aurais pas survécu.

Et comme ça, trois mois après mon dernier souvenir, celui d'être allé fêter l'ouverture du restaurant d'une amie à Sainte-Agathe, je me retrouve chez moi.

Je ne me souviens même pas de quelle façon j'ai fait le trajet de l'hôpital à la maison. Un jour, comme ça, je me retrouve dans l'escalier sur une civière, transportée par mon mari, Vincent, et son ami Alex, le pompier. Il y a de quoi retrouver la mémoire, même si je ne m'en souviens que vaguement. Monter un escalier sur le dos en sachant (parce que je le savais) que tu es transportée par des amateurs (même si tu sais que le protagoniste est pompier, tu ne connais pas ses compétences), même attachée à la civière (je ne savais pas que j'étais attachée), à chaque marche, tu as l'impression que tout va foutre le camp en bas de l'escalier ... Mais on est arrivé en haut sains et saufs.

Avant même que l'on ait fini de me détacher, je vois, dans le vaste hall d'entrée où nous sommes, un fauteuil roulant qui semble m'attendre. Surprise de voir cet objet de soumission dressé dans l'entrée de ma demeure, je le sens alors comme le symbole de ma condamnation à la plus grande déchéance. J'entends, comme autrefois, mon père me dire sur un ton autoritaire qui ne laissait place à aucune réplique: «Écrase-toi!» Lorsque papa me lançait cette phrase ultime, je me sentais vaincue ... temporairement ... mais je revenais à la charge immanquablement. Et aujourd'hui, cet ordre devient incontournable. Je me sens défaite à tout jamais. J'ai l'impression que le fauteuil me dit: «Assis-toi et tais-toi!»

Personne ne m'explique que l'utilisation de ce transport n'est que temporaire ou encore que c'est le meilleur moyen de me permettre d'aller où je veux sans dépendre de personne ... Si seulement quelqu'un me disait cela... je sauterais dedans! Au lieu de me fournir cet espoir, tout le monde est autour de moi comme pour me faire sentir encore plus que je suis la toute petite, incapable de faire quoi que ce soit : mon mari, ma soeur et, oh horreur, une amie de ma soeur, infirmière. Que vient-elle faire ici celle-là, chez nous ?... C'est l'amie de ma sœur... pas la mienne ! Marie-hélène, ma petite fille de sept ans, se tient à l'écart. Elle n'ose ouvrir la bouche en regardant ce spectacle. On lui suggère de s'approcher... Je la regarde, toute menue, toute réservée, qui n'ose dire ce qu'elle pense. Elle est si forte, si perspicace, si généreuse et amoureuse! Elle prend soin de moi et parle peu. Ce doit être si terrifiant pour elle cette situation.

Et moi, à côté d'elle, que suis-je devenue? Adieu la femme indépendante, autoritaire qui aimait tant diriger. Adieu celle qui veut toujours que les choses soient faites comme elle l'entend. Elle devra se plier à la façon des autres, au moins pour un bon bout de temps. Le chef devra apprendre à vivre comme une subalterne avec les échecs et les handicaps. Ce choc brutal, je le vis comme une impression impossible à traduire en mots. Je n'ai plus le choix, il me faut prendre les choses comme elles sont.

Vincent se décide à faire rouler vers le salon la chaise dans laquelle on m'a assise. Je réapprends ma maison... Je ne sais pas ce qui m'attend, je ne me le demande même pas... Je suis contente d'être là avec ma fille, point. Je ne cherche pas à comprendre... Je subis... J'écoute les gens autour de moi... J'observe sans analyser. Je crois que tout redeviendra comme avant, que les temps durs sont finis.

Je reviens vite de mes illusions, je dirais même que je tombe subitement dans la réalité. Comme mon souvenir commence ici, je n'ai aucune idée d'où j'arrive. Et vlan ! Je me retrouve en face de cette infirmière. Il ne me faut pas beaucoup de temps avant de constater que non seulement elle croit, mais elle est convaincue que je suis incapable de penser. C'est la première fois que je me rends compte de la piètre impression qu'on peut avoir de moi.

Les heures passent... les journées passent...

Un jour, je me retrouve assise sur le siège de toilette. Je ne sais pas ce que je fais là... je n'arrive pas à comprendre pourquoi ils veulent tant que j'urine. Je n'en sens pas le besoin, je ne sais même plus ce que l'on peut alors sentir. Je ne sais pas comment je suis arrivée ici, sur ce siège de toilette ni depuis combien de temps ça dure, mais je me souviens que ça me semble une éternité. J'ai mal à en hurler, d'ailleurs, je hurle! Ça ne change rien à la situation: on me laisse là à hurler. Je continue d'avoir ce mal atroce à la fesse droite. On dirait que je suis assise sur mon os... ma fesse ne peut endurer le contact de ce siège dur. Je me demande pourquoi on me laisse là à hurler, je ne comprends pas. Je n'ai rien à faire là... et je ne fais rien d'autre que crier.

Madame et mon mari sont là tous deux à me regarder. Elle, elle n'a rien à dire; lui, il me répète de faire pipi comme il le dirait à un petit enfant. Mais moi, je n'ai pas envie, vont-ils finir par le comprendre ?

J'ai compris beaucoup plus tard que j'étais hypersensible du côté paralysé, le côté droit: la hanche et le fessier étaient les endroits les plus vulnérables de mon hémiplégie. Même beaucoup plus tard, quand j'étais assise sur le siège de toilette dur, l'inconfort était tel qu'il m'était impossible d'aller à la selle. Je n'ai évidemment jamais réussi à répondre aux désirs de madame, je ne m'y efforçais même pas, et je ne m'en sentais pas plus coupable.

De cette infirmière, je ne conserve que ce souvenir ajouté aux douleurs qu'elle m'imposait parce qu'elle avait jugé, en l'absence de résultat sur la toilette, qu'il me fallait être affublée d'une sonde pour assurer l'écoulement régulier de l'urine.

CHAPITRE 3

La première semaine à l'Institut

Un beau matin, mon mari m'annonce que nous avons rendez-vous à l'IRM. Il me l'a peut-être déjà dit, mais je ne m'en souviens pas.

C'est vrai que je ne me sens pas chez-moi avec, toujours à mes côtés, cette infirmière qui me rend la vie intenable, mais au moins, je suis avec ma fille. Je crois que ma place est ici, à côté d'elle. J'ai bien peur de ce rendez-vous: on m'a vaguement laissé entendre que je serais hospitalisée à nouveau ... Je ne veux pas, je ne veux pas encore laisser Marie-hélène, l'abandonner... Je veux vivre ma vie!

Je ne comprends pas pourquoi on s'acharne sur moi! Je suis sortie de l'hôpital, je suis sauvée! Tout le reste n'est qu'une question de temps. Je trouve que je suis sur la bonne voie, la voie de la guérison et je crois que mon corps répondra sous peu à mes demandes. Pourquoi m'amène-t-on dans cet endroit-là? Qu'est-ce que c'est que ces traitements? Qu'est-ce que ça peut bien changer à mon rétablissement?

Encore une fois, je ne comprends pas, et personne ne m'explique…

Évidemment, «veux, veux pas,» tu suis... On ne me demande pas ce que je désire. On prend les décisions pour moi. Pour tout le monde, c'est évident que je ne peux plus penser ni choisir. Je sens que je suis devenue une toute petite fille à qui l'on dit tout ce qu'elle doit faire et comment le faire, tout cela pour son bien ... même pas actuel ... mais futur. Je n'ai donc pas le choix. Je n'ai pas le droit de dire ce que je pense. Je me sens comme un automate, une chose que l'on place où l'on veut. Il faut aller voir ce médecin! Qui est-il? Qu'est-ce qu'il sait de moi? Je ne connais pas ce physiatre. Selon Vincent, ce médecin m'a suivie tout au long de mon hospitalisation à l'Hôtel-Dieu. En même temps, il travaille à l'IRM où, grâce à son intervention au conseil d'administration, j'ai été admise rapidement. Je devrais peut-être me dire: «Quelle chance ! » ...

****

Je me retrouve donc ce matin-là, en fauteuil roulant, devant ce jeune physiatre à la clinique externe de l'IRM. Mon mari m'attend dans l'autre local. Péniblement, je me lève de mon fauteuil roulant avec l'aide du médecin. C'est aussi lui qui me soutient pour que j'arrive à m'installer sur le lit trop haut. Il m'examine…

Lorsqu'il voit la sonde, il dit :

- On va enlever ça et faire des cathétérismes ...

Cette seule remarque m'encourage et me fait penser qu'il n'est peut-être pas si mal que ça. Il va me débarrasser de cette douleur à tout jamais, ça vaut peut-être la peine de rester...???

Il procède à l'examen physique et, après avoir rempli le dossier d'admission, il me présente un jeune homme :

- C'est Jules. Il est stagiaire en travail social.

- Bonjour Thérèse.

- Bonjour.

Ce jeune homme m'apprend qu'il m'amène visiter ma chambre. Son allure décontractée, son visage souriant ne sont pas sans jeter un baume sur mon inquiétude et mon angoisse. Vincent nous suit en silence et nous arrivons à l'entrée de la chambre :

- Tu vois, tu as la chance d'avoir le lit près de la porte, ce sera plus facile pour sortir ou entrer. Voici l'infirmière à qui tu pourras t'adresser si tu as besoin de quelque chose; il ne faut pas te gêner, elle est là pour répondre à tes besoins. Mon bureau est en bas, au sous-sol, là où sont les orthophonistes. Tu pourras venir m'y voir quand tu voudras après tes traitements.

- Quand dois-je revenir?

- Il ne faut pas perdre de temps. Plus vite tu commenceras les traitements, plus vite tu te rétabliras.

- Mais je ne peux pas rester aujourd'hui, je n'ai pas mes affaires.

Il est bien charmant ce jeune homme, mais quand même pas assez pour me convaincre de rester ici. Pourtant... je sens que je n'aurai pas le choix...

Justement, comme je sors de la chambre avec Vincent et l'étudiant, je vois apparaître Louise au bout du corridor se dirigeant vers nous une valise à la main. Elle a beau déployer un grand sourire, je me demande ce qu'elle fait là !

Ça y est! On m'a joué un tour, je suis ici pour y rester!

Et elle ose me demander :

- Comment ça va? Comment as-tu trouvé le médecin?

Je suis tellement saisie et enragée que je ne réponds même pas. Que voudrait-elle que je dise? Que je l'ai trouvé charmant?...

Elle n'insiste pas et me propose d'aller manger à la cafétéria. Elle reste avec moi. Elle m'aide comme elle le fait toujours...

Le repas terminé, on remonte à la chambre. L'infirmière m'explique que je recevrai des traitements de physiothérapie à 13h, mais qu'aujourd'hui, la physiothérapeute va venir à la chambre.

Louise commence à sortir mes effets de la valise... Je suis tellement déçue, découragée, furieuse, que je reste là à la regarder placer mes vêtements, désespérée de ne pouvoir plus compter sur elle pour me défendre.

Quand tout est en place, elle essaie de m'expliquer qu'on m'a confiée à la meilleure physiothérapeute. Ça me fait plaisir, mais ça ne m'impressionne pas trop. Elle m'offre de revenir cet après-midi.

Je lui fais un signe d'approbation quand je vois apparaître à la porte un petit bout de femme avec un grand sourire.

- Est-ce que je peux entrer ?

Elle me tend la main droite :

- Mon nom est Liliane Morin. C'est moi qui vais m'occuper de toi en physiothérapie.

Les gens oublient que je n'ai plus de main droite... ou si peu... En tout cas, je ne peux plus serrer la main comme tout le monde. Pourtant, une physiothérapeute devrait savoir cela! Pourquoi ne me donne-t-elle pas tout simplement la main gauche?

Quand quelqu'un me prend la main gauche de sa main droite, cela me choque. J'ai l'impression d'entendre:

- Pauvre-toi, tu fais pitié, mais ne t'en fais pas, je comprends! ...

D'abord, ces personnes ne comprennent rien et ensuite, je n'aime pas du tout cela donner la main gauche à une main droite.

Liliane est la première à me serrer la main de cette façon. En fait, c'est la première qui me donne la main depuis l'accident.

Elle a une conversation si avenante que je lui pardonne aussitôt de m'avoir tendu la mauvaise main :

- Tu sais, on va travailler ensemble à te remettre sur tes deux pieds. Tu es ici pour que ta condition s'améliore... Si tu travailles avec moi, tu vas arriver à marcher...

- Pour vrai?

- Si tu fournis l'effort nécessaire...

À ce moment précis, je sens que je fais un pas de géant. L'espoir ... la vie... Je cesse d'être un automate! Je sens maintenant que je ne suis plus l'objet des autres, mais un être vivant doué de pensée qui n'a plus qu'à réparer son corps pour continuer à fonctionner et à vivre sa vie. Jusqu'ici, j'ai été d'humeur macabre parce qu'on m'obligeait à rentrer à l'hôpital deux semaines après que j'aie réussi à en sortir. Mais avec Liliane, la perspective change.

Et sur ces mots, elle se dirige vers le corridor en disant:

- Alors, à demain, une heure? Je viendrai te chercher à l'ascenseur.

Et elle me quitte en souriant. Cette fille m'inspire des sentiments tout à fait opposés à ceux que j'ai ressenti jusqu'à maintenant. Enfin quelqu'un qui a des préoccupations intelligentes. Loin d'être centrée sur mes besoins primaires, elle veut concentrer toutes ses énergies à me remettre sur pieds. De toute façon, le médecin s'est occupé de mes besoins primaires: il m'a libérée de la sonde. En fait, je devrais être contente. Ici tout le monde semble vouloir que je me sente mieux et que ça aille mieux. Pourtant...

«On va travailler ensemble.» Cette façon qu'a Liliane de m'impliquer dans son travail m'énerve un peu. Je sais que c'est son travail de me faire marcher, mais mon travail à moi, c'est d'enseigner. Et même si on croit que je n'enseignerai jamais plus, moi, je suis convaincue au contraire que je retournerai au Collège. Oh! Je suis bien prête à collaborer avec Liliane, à faire tout ce qu'elle me demandera pour récupérer mon corps, mais je suis loin de penser que c'est un travail. C'est dur, il faut s'y mettre, mais c'est justement pour me permettre de retourner travailler. Je lui pardonne quand même, elle ne voit pas les choses du même oeil que moi.

Maintenant, c'est en elle que je mets toute ma confiance. Elle peut me demander n'importe quoi, je suis prête à le faire. Je ne veux pas la décevoir, je suis comme une petite fille qui étudie fort pour faire plaisir à sa maîtresse. Je pense que tout ce qu'elle me dira, tout ce qu'elle me demandera méritera considération. Oui! Ça ne me gêne pas d'être une petite fille avec Liliane : avec elle, je ne sens pas d'humiliation à l'être. Pourquoi? C'est simple: elle veut guérir mon corps et me parle en adulte.

J'en suis là dans mes réflexions lorsque Louise réapparaît. Cette première journée se termine tôt. L'infirmière vient nous demander si nous avons besoin d'elle. Ma soeur lui dit qu'elle m'aidera à faire ma toilette, elle lui demande de revenir m'aider à me mettre au lit.

La pâte à dent vieux style (dont il faut dévisser le bouchon) est là sur la petite tablette. Après m'être débarbouillé le visage, je demande à Louise de m'aider à mettre le dentifrice sur la brosse. D'abord, le lavabo est tout petit. Ensuite, depuis que je n'ai que la main gauche de fonctionnelle, je me sens bien gauche: ouvrir ce tube, peser dessus pour qu'il ne sorte que la quantité voulue de dentifrice, le mettre sur la brosse qui bouge sans arrêt et enfin, refermer le tube.... c'est pour moi un exploit auquel je renonce pour l'instant... sans même penser que je pourrai un jour y parvenir... Pourtant, lorsque je suis revenue chez moi, dans mes affaires, j'ai trouvé : placer le tube entre mes deux jambes puisque je suis assise... Pour la stabilité de la brosse, il faut la placer sur la débarbouillette. Pour ce qui est de l'exercice même de brosser, la main gauche est un peu sans dessin, mais elle va sûrement s'habituer.

Pour l'instant, Louise m'aide... elle effectue toutes les opérations, sauf celle de brosser...

Puis Marie, l'infirmière, revient m'aider à escalader ce lit d'hôpital! Elle s'assure que je suis bien... Deux minutes plus tard, elle apporte les médicaments.

****

Le lendemain matin à 6,30h, quelqu'un arrive dans la chambre J'ai toujours refusé de nommer ce lieu «ma chambre». D'abord, je loge dans cette chambre avec une inconnue; ensuite, je n'y dispose que de quelques vêtements et d'une brosse à dents, comme à l'hôtel.

Une belle grande jeune fille s'approche de mon lit et me dit bonjour en souriant. C'est France, l'infirmière de nuit qui termine son travail en aidant les patients à se lever. Elle m'avise que c'est elle qui me fera le cathétérisme du matin: elle retire donc les couvertures, me demande de plier et d'ouvrir les jambes... Elle procède ... je ne sens presque rien. Puis, elle m'aide à sortir du lit et à endosser mon déshabillé. Elle me chausse et m'aide à m'installer dans le fauteuil roulant. Elle effectue tous ces gestes avec le sourire, toujours inquiète de mon bien-être. Elle pousse même mon fauteuil roulant jusqu'à l'ascenseur où il y a déjà quelques patients qui attendent que les portes s'ouvrent. On remplit l'ascenseur et on descend pour le petit déjeuner à la cafétéria où les fauteuils roulants sont alignés le long du comptoir, les gens attrapant à tour de rôle un plateau et le glissant sur la rampe. Ceux qui ont perdu l'usage des deux mains sont accompagnés d'un préposé qui essaie de répondre à leurs désirs. Chacun choisit céréales, brioches, rôties, confitures, café...

Comme à la maison, je prends un jus d'orange, des céréales, des rôties et un café. Au bout de la rampe, c'est un préposé qui vient m'aider parce que je suis incapable de transporter mon plateau de la seule main gauche: arrivé à la table, ce monsieur ouvre et vide le contenant de crème si rapidement que mon café est blanc avant que je n'aie eu le temps de lui dire de n'en verser que le quart. Je m'empresse de l'avertir qu'à l'avenir, j'aimerais qu'il n'en verse qu'une goutte! Et comme je le fais toujours au restaurant quand on m'apporte mon café trop vite, je mets la soucoupe sur la tasse pour le conserver un peu plus chaud. Enfin, le préposé beurre mes rôties que je mangerai froides. Et je me retrouve avec ces nouveaux confrères qui ont presque tous l'air plus handicapés que moi... c'est du moins ce que je prétends.

Puis c'est de nouveau l'ascenseur pour retourner à la chambre pour la toilette. D'abord, je me brosse les dents, ensuite commence l'opération habillage. L'infirmière arrive. Elle s'occupe de moi. Je pense que c'est parce que je suis nouvelle. Elle m'aide à effectuer toutes les opérations qui n'ont l'air de rien, mais qui paraissent insurmontables à celui qui vient de perdre un membre ou un morceau de membre. J'ai l'impression de ne rien apprendre, de ne pas évoluer, même si j'apprécie beaucoup cette aide. D'abord, enlever la jaquette. Je n'ai aucune idée par où commencer. Une chance, ma jaquette est courte, je n'ai pas besoin de me lever pour effectuer l'opération. L'infirmière me fait découvrir qu'en faisant comme les gars, c'est-à-dire en tirant le dos vers l'avant, je pourrai facilement retirer mes bras l'un après l'autre. Ensuite, il faut mettre un soutien-gorge: après m'avoir aidée à enfiler les bras dans la bonne ouverture, elle m'aide à placer le sous-vêtement à sa place puis elle l'attache derrière mon dos. Toute l'opération nécessite tellement d'habileté et de doigté que j'ai l'impression que je n'y parviendrai jamais seule ... surtout l'attacher dans le dos! Ensuite, pour enfiler mon chandail, elle me fait passer le bras paralysé dans la manche avant de glisser l'autre dans l'autre manche et enfin, j'arrive à passer la tête dans l'ouverture qui reste. Il me reste à ajuster le tout : un petit coup par ci, un petit coup par là et j'arrive à le descendre là où il doit être. Pour les chaussettes et les souliers, c'est un peu plus difficile, je la laisse faire...

Après cette confrontation brutale avec le réel, je me dirige en automate vers l'ascenseur pour me rendre à mon premier traitement: l'orthophonie. Comme me l'a dit Jules, l'étudiant stagiaire en travail social, c'est au sous-sol que se trouvent les bureaux des travailleurs sociaux et des orthophonistes. Dans ma tête de linguiste, ce mot résonne! Pourquoi me prescrit-on de la thérapie en orthophonie? Je parle! Il n'y a que ma jambe et mon bras droits qui ne fonctionnent pas et c'est bien assez! Je m'y rends quand même ... ne fut-ce que pour passer le temps. Je ne comprends vraiment pas pourquoi je suis là. Encore une fois, on me considère comme un bébé qui ne sait pas parler. En fait, je ne sais même pas que j'ai reçu un coup sur la tête… Je sais encore moins quelle partie de ma tête a été touchée ni à quelle activité ou action ça correspond. Quand je descends, je sais qu'on pense que j'ai perdu le langage. Ça me choque parce que moi, je parle. Je ne vois pas où ils s'imaginent que j'ai perdu la parole. En réalité, on m'envoie là parce qu'on a constaté que mon cerveau a été endommagé à l'endroit où normalement se situe la fonction du langage. Par conséquent, je devrais être aphasique. Selon les médecins, je ne suis plus en mesure de comprendre le langage oral ou écrit, de décoder les signes linguistiques qui permettent de communiquer, pas plus que de m'en servir pour m'exprimer. J'en serais donc à l'étape primaire comme un bébé qui doit apprendre à désigner les choses pour arriver à communiquer, à raisonner, à se souvenir…

Cependant, ce qu'on ne sait pas plus que moi et qu'on découvrira plus tard, c'est que j'ai la chance d'être ambidextre. Un ambidextre n'est pas seulement une personne qui arrive à utiliser aussi bien sa main gauche que sa main droite pour effectuer n'importe quelle tâche. Non, c'est beaucoup plus que ça ! C'est une personne dont le cerveau agit aussi bien du côté gauche que du droit pour toutes les fonctions qu'il doit mettre en action. Chaque section du cerveau est là pour diriger des activités multiples : du côté gauche, il y a certaines fonctions; du côté droit se trouvent les autres. Eh bien, une personne ambidextre a pour elle la chance que chacune des fonctions se retrouve des deux côtés. Comme les médecins savent que j'ai été frappée du côté qui commande normalement le langage, ils m'ont tout de suite inscrite en orthophonie. Et voilà pourquoi je suis là devant cette personne accueillante et agréable. Elle me fait la conversation, me pose des questions. Nous échangeons ainsi pendant près d'une heure.

Je remonte ensuite au rez-de-chaussée pour me rendre en ergothérapie. Sophie se présente, place mon fauteuil devant une table, va s'asseoir devant moi. Elle a l'air sympathique. Souriante, elle m'explique que nous ferons des exercices parce que j'ai perdu la perception et la mémoire.

Cette façon de me dire les choses me choque, mais je ne dis rien. Je n'ose pas manifester mon mécontentement, mais je me souviens (tiens, pour une fille qui a perdu la mémoire, c'est pas mal!) que pour les cours de lecture que je donnais, j'avais créé des exercices de perception pour aider mes étudiants à lire avec efficacité... Et elle me sort ces petits exercices !!! Est-ce possible d'imaginer qu'une personne, qui a étudié et créé des outils d'entraînement à la discrimination en lecture depuis cinq ans, se fasse prescrire des pratiques aussi minables que celles qu'on me propose, dignes d'un enfant de dix ans. En effet, ces exercices sont enfantins. Sur le coup, ça m'enrage, mais je n'ai aucune proposition à lui faire. Ce n'est que plus tard, en reprenant mes activités d'enseignement, qu'il m'est venu à l'esprit que beaucoup de jeux de société sont des exercices de perception. Les patients prendraient sûrement plaisir à jouer ensemble à ces jeux, même en dehors des heures de traitements. Et peut-être les gars seraient-ils plus présents aux traitements d'ergothérapie. Ils oublient de s'y rendre souvent faute d'intérêt. Cela pourrait provoquer leur attirance pour d'autres jeux que le Bingo, seule activité à laquelle on les invite le soir lorsqu'ils n'ont pas de visite… Pourquoi emmerder les gens avec des jeux d'enfants ? Moi, j'enseigne au collège à des jeunes de dix-huit ans et j'ai trouvé des moyens adaptés à leur âge pour leur faire effectuer ces exercices. Si seulement cette ergothérapeute s'intéressait le moindrement à mes occupations antérieures à l'accident… Mais, n'étant pas en situation de contester, je me plie à ses désirs en jouant avec ma voisine de chambre, éclopée à peu près de la même façon que moi, à ces petits jeux de mémoire. Je reconnais avoir diverti ma fille avec ces activités quand elle avait quoi? cinq, six ans? Et puis, c'est humiliant d'être assise à la même table que cette fille qui a l'air tellement fataliste, tellement défaitiste ! Elle semble subir les affres de la vie comme si elle n'y pouvait rien, exactement mon antipode quoi ! Pourtant, je n'ai pas l'air plus fine qu'elle… ce qui est loin de me remonter le moral. Je ne comprends vraiment pas ce que je fais ici.

Puis arrive l'heure du dîner: onze heures trente. Je me rends à la cafétéria: papa m'attend à la porte d'entrée. On place son plateau sur la rampe et en causant de mes activités de l'avant-midi, on arrive à choisir des mets. Puis, une fois installés, il m'offre de couper mes aliments. Quand il me rend mon assiette, je prends ma fourchette de la main gauche. Il me regarde, ne dit rien, mais quand il me voit ramasser une bouchée de poulet et porter la fourchette à mes lèvres, il ne peut s'empêcher de dire :

- Je te trouve pas mal bonne ! Tu n'as pas l'air d'avoir de difficulté ?

- Non ! Disons que je suis moins à l'aise avec cette main-là, mais j'y arrive !

- Ta mère et moi, nous allons venir à tour de rôle manger avec toi le midi.

- Tous les midis ?

- Oui ! Pour chacun, ce sera tous les deux midis.

- C'est gentil, mais n'est-ce pas un peu trop fatigant ?

- Non, non ! Ça nous fait plaisir !

Je dois avouer que ce maudit accident va au moins me permettre de recréer une bonne relation avec mes parents. Depuis quelques années, toujours à la course entre la maison avec ma fille et mon mari, le collège, Québec pour la coordination provinciale et son nouveau programme de français, je n'accordais vraiment pas beaucoup de temps à mes parents ! Aujourd'hui, en partageant mon repas seule avec mon père, je me souviens des années 60 (je n'ai pas perdu la mémoire à long terme, celle qui retient les vieux renseignements)…, ces années où j'étais dans la vingtaine et commençais à orienter ma vie… Je me revois lui annoncer que je me rends à une réunion du RIN (Rassemblement pour l'Indépendance Nationale). Son sourire me lance un message d'approbation. Il doit se souvenir de ces jours de sa jeunesse où il écrivait aux côtés d'André Laurendeau des articles pour les Tracts des Jeunes Canada. C'est de ce mouvement nationaliste qu'est né Le Bloc populaire qui allait défendre les droits des Canadiens français à Ottawa. Mon bon papa n'a cependant pas toujours été d'accord avec mes grandes idées de liberté.

Il s'informe de mes activités. Je lui raconte mes premières heures, la rencontre de Liliane, la séance d'habillage avec l'infirmière, la conversation avec l'orthophoniste et enfin l'ergothérapie :

- Ça, c'est moins drôle !

- Pourquoi ? Ça n'a pas l'air de te plaire ?

- La thérapeute me fait faire des choses que je ne ferais même pas faire à mes étudiants… Et elle me fait jouer à un jeu qui ressemble à ceux de Marie-hélène quand elle était petite, tu sais, avant qu'elle aille à l'école… c'est niaiseux…

- Oui, mais tu sais, elle doit vérifier si tout est revenu à la normale depuis ton accident...

- Elle dit que j'ai perdu la mémoire, mais moi je me souviens d'avoir fait faire des exercices de ce genre à mes étudiants.

- Ce n'est peut-être pas de la même mémoire qu'elle parle...

- Je ne sais pas, mais...

Le repas est terminé. Il pousse mon fauteuil dans le corridor et on aperçoit Liliane qui s'en vient comme elle l'a dit. Je la lui présente. Elle me reçoit du meilleur de ses sourires et papa se retire après avoir échangé quelques mots avec elle.

Elle prend la relève, pousse mon fauteuil vers la salle de traitement et demande alors l'aide d'un préposé pour m'étendre sur le lit. Une fois que j'y suis bien installée, elle examine ma jambe jusqu'à la hanche, avec ses mains ou ses doigts. Elle commence doucement à me dénouer les muscles de la jambe. Chaque endroit qu'elle touche me fait grimacer de douleur. C'est si intense que j'aurais envie de hurler !

Je me retiens… je me retiens… je suis sur le point de crier quand soudain, je sens ses mains se retirer pour se poser cette fois-ci sur mon bras qu'elle tente délicatement de bouger.

- Aie ie ie ie e e e !!!!!!!!!!!!!!!!!!!!!!!!!!

Cette fois-ci… ce n'est pas endurable ! Liliane le sent bien et elle retire définitivement ses mains… pour aujourd'hui.

Cette subluxation de l'épaule me fait atrocement souffrir. C'est, semble-t-il une altération, le déplacement de l'articulation de l'épaule à son niveau inférieur. Ça ne se replace pas comme une dislocation… Quand Liliane essaie de toucher mon épaule ou de lui faire effectuer le moindre mouvement, on dirait qu'elle veut m'arracher le bras. Et ce, même si elle fait très attention. Tout mon côté droit est hypersensible à cause de l'hémiplégie, mais cette douleur à l'épaule dépasse vraiment tout ce qu'on peut imaginer.

À la fin de ce premier traitement, Liliane demande l'aide d'un préposé pour m'installer dans le fauteuil roulant, mais c'est elle qui vérifie si mon bras est bien appuyé sur l'accoudoir. La douleur persiste; c'est comme si on me tirait le bras pour le décrocher de mon épaule. Plusieurs années après la disparition de cette douleur, j'en conserverai toujours un souvenir cuisant. Liliane demande donc qu'on m'installe, sous le bras, un coussinet qui empêche mon épaule d'avoir à supporter le poids du bras. Avec ça, je ne sens plus la douleur aussi vive. Et le médecin me prescrit un médicament anti-douleur. Même avec ce médicament, mes cris interdisent toujours à Liliane de toucher cet endroit si sensible. Il faudra enfin que le médecin m'injecte de la cortisone pour qu'elle arrive à me traiter, mais en attendant, elle commence doucement à me dénouer les muscles de la jambe. Là aussi, mes grimaces et quelques cris l'obligent à arrêter le traitement plus tôt que prévu. Elle ne veut pas me faire mal et mon regard l'incite à arrêter. Je suis à fleur de peau. Je me sens intouchable, je suis hypersensible dans tous les muscles de mon corps. Quand je sors de la physiothérapie, ma journée de travail est terminée. Je retourne à ma chambre pour m'y faire faire un cathétérisme… Je ne pense déjà plus à la douleur que je viens d'endurer… et je ne pense même pas au nombre de fois que j'aurai à souffrir un tel martyre. Tout ce que je sais, c'est que je veux marcher et je suis prête à passer à travers n'importe quoi pour y arriver !

Pour clore la journée, en attendant la visite, il y a Jules. Ça ne fait pas partie de ma journée de travail Jules, c'est une sorte de récompense quand la journée est finie. Je descends le voir pour bavarder, c'est agréable ! Je n'ai pas l'impression qu'il fait cela par devoir. Ça a l'air aussi agréable pour lui. Il est un peu comme un ami à qui je raconte ce que j'aime, ce que je n'aime pas. Il me guide de ses conseils. Lorsque je sors de là, je me sens moins seule.

Quand je remonte, il est plus de quatre heures. La visite commence à arriver. Ce soir, c'est Louise qui, selon les habitudes qu'elle a prises depuis plus de trois mois, m'accorde tous ses temps libres ... et plus.

****

Quand je rentre chez moi en cette première fin de semaine, je me contente en serrant Marie-hélène dans mes bras. Comme j'ai perdu la mémoire immédiate, c'est un perpétuel recommencement. Quand je la vois sur le seuil de la porte, je suis à la fois surprise et satisfaite; surprise de la retrouver bien vivante et sans blessures physiques; satisfaite de n'avoir au moins pas altéré ce délicat joyau que la vie m'a confié. Cependant, je suis fort malheureuse de ce que j'ai fait: briser sa vie intérieure, bouleverser une âme si pure! Je me sens tellement mal à l'aise que je n'ose même pas lui demander si elle était avec moi au moment de l'accident. J'aime mieux croire que, étant donné qu'elle est pleine de vie, sûrement rien ne lui est arrivé.

Et lundi matin, quand je sors de la maison, je demande si ma voiture est dans le garage. J'ai l'impression de ne pas vivre dans le réel. Je ne comprends pas ce qui m'arrive. C'est comme si j'existais en dehors du temps. Marie-hélène est mon bébé, mais je n'ai pas vraiment conscience que moi-même, je suis redevenue un tout petit enfant. Et je ne sens pas non plus qu'elle joue à la maman avec moi. Elle ne joue pas vraiment... elle prend soin de moi.

CHAPITRE 4

La deuxième semaine

À l'IRM, lorsque je me fais réveiller à 7h le matin par l'infirmière qui vient me faire un cathétérisme, j'ai l'impression d'entendre la cloche du couvent. Pourtant je n'ai jamais été pensionnaire. Mes sœurs et mon frère l'ont été. J'avais la chance d'être la quatrième de sept enfants, donc un peu du côté des plus jeunes, ceux qu'on garde à la maison. On demeurait encore dans un sept pièces sur le boulevard Saint-Joseph. Oh bien sûr, un sept pièces pour huit personnes, ce n'est pas la catastrophe, mais si on calcule la bonne en plus, c'est une chambre de moins … Et les pièces sont toutes petites. Mes sœurs et mon frère ont dû subir le pensionnat parce qu'il n'y avait pas assez de place pour coucher tout ce beau monde. Maintenant, c'est mon tour! Comme on ne se sent pas chez soi! Et la routine commence, c'est la ronde des automatismes : il est 7h, on se fait réveiller ; on se fait faire un cathétérisme ; on enfile son déshabillé, ses bas, ses souliers, on va déjeuner ; on revient pour s'habiller… et je ne peux même pas effectuer par moi-même une seule de ces opérations si simples. C'est comme si j'avais deux existences : l'une où j'ai un mari, une fille…. cette existence-là, c'est ma vie, c'est moi ; l'autre… il me semble que ce n'est pas moi qui la vit : je la regarde et je suis obligée d'y rester, je n'arrive pas à m'échapper… Cette lutte pour la vie, je n'arrive pas à l'intégrer … C'est comme si je jouais un rôle qu'on m'a assigné même si je ne veux pas de ce personnage.

Chaque matin, je me réveille dans un monde qui n'est pas le mien … Quand j'ouvre les yeux, il me faut quelques secondes avant de me replacer dans ce décor inconnu dans lequel je dois vivre pour retrouver mon corps… Chaque fois, je me ressaisie en me convainquant du bien-fondé de ma présence en ces lieux. Et quand je me regarde… je veux m'en sortir, je le veux de toutes mes forces, celles qui me restent!

Ce lundi, on a décidé de me faire rouler. C'est vrai, je ne suis pas très habile avec cet engin sur lequel on m'assoit pour que je sois autonome. J'ai toujours la main toute sale parce qu'il faut que je fasse tourner cette roue pour avancer.

On m'a sûrement répété encore et encore de saisir l'espèce de cerceau qui entoure la roue pour faire rouler celle-ci sans me salir la main puisque cet anneau est recouvert de caoutchouc et ne touche pas le plancher… mais je ne m'en souviens jamais.

Ce matin, quand je suis revenue de mes traitements pour le cathétérisme, il me restait une demi-heure avant d'aller à la cafétéria. L'infirmière m'a proposé de me promener dans le corridor, histoire de devenir plus rapide et plus habile pour tourner les coins. Comme je suis devenue très docile, j'attaque le boulot. Tant pis pour ma main, je la laverai avant de descendre. Eh oui, je vais me résigner à la laver même si j'ai horreur de ça. C'est compliqué à laver une main quand l'autre n'est pas là pour la nettoyer : je mets du savon dans ma main et je la frotte contre l'évier. J'essaie de frotter l'intérieur avec mes doigts… je ne suis jamais satisfaite de mon travail. De plus, se laver la main assise sur un fauteuil roulant, ce n'est pas tellement confortable. On est tout croche, le bras par-dessus le lavabo trop haut… Dans la vraie vie, on se lave presque toujours les mains debout.

Me voici donc à la porte de ma chambre. Comme je ne me sens pas beaucoup de force, je choisis de partir du côté gauche, c'est de ce côté que le corridor est le moins long. Avec mon unique main, je manœuvre assez mal merci! Ça tire toujours d'un côté! Je concentre toute mon énergie à faire rouler ce fauteuil jusqu'au bout du corridor. Quand j'arrive là, il faut tourner pour revenir. Je ne sais pas combien de fois il me faut recommencer : chaque fois que je fais tourner les roues, j'arrive sur le mur parce que je n'ai pas fait le virage assez grand. Quand je réussis enfin, je reviens vers la porte de la chambre qui est ouverte et je décide d'y entrer pour me moucher, autre opération difficile que j'aime mieux ne pas faire devant le monde. En entrant, mon fauteuil accroche le cran d'arrêt qui glisse dans la chambre. Aussitôt, la porte se referme. Et vlan! Je suis emprisonnée dans cette chambre, prise de panique ! Je me sens coincée! Sans réfléchir, je m'empresse de tirer sur la poignée, mais la porte est beaucoup trop lourde pour moi. Je tire quand même, si bien que c'est la porte qui gagne : elle me tire tout simplement et je me retrouve à terre...

Là, j'ai vraiment peur! J'ai l'impression que personne ne viendra me déprendre. Incapable de tirer la porte, je n'arrive même pas à rejoindre la poignée. C'est comme si cette porte était fermée à clé! Impossible de sortir! Comment crier? Personne ne m'entendra !... et je ne sais même pas quoi crier! Comment dire : « Au secours! » quand on n'est pas en train de mourir? Quoi dire? Et sur quel ton? Très inconfortablement assise sur le plancher, la jambe droite toute raide, j'essaie encore d'attraper la poignée pour arriver à avoir au moins une fente qui permette de faire entendre ma voix... J'essaie tant bien que mal de me ramener dans une position plus agréable, mais mes membres paralysés ne suivent pas! Avant même que je n'aie essayé d'atteindre la poignée, Manon, l'infirmière en chef, arrive :

- Qu' est-ce que tu fais là?... Ne bouge pas, je vais appeler de l'aide.

Je n'ai même pas réussi à bouger que deux hommes arrivent avec une civière. Ils sont suivis de Manon qui s'empresse de me dire :

- T'inquiète pas! On t'amène prendre une radio... pour être certain qu'il n'y a rien de cassé...

Très délicatement, ces messieurs me ramassent et m'installent sur la civière... Et on descend jusqu'au sous-sol. Là, il y a une petite salle où l'on fait les radiographies. On m'étend sur le lit et, après m'avoir tournée et photographiée de tout bord tout côté, on me réinstalle sur la civière pour remonter à la chambre. Là, on effectue le transfert au lit où je dois rester en attendant les résultats de la radiographie. Pendant ce temps, on m'apporte mon repas... et papa est averti de venir me rejoindre à la chambre.

Cette deuxième semaine a bien mal commencé, et elle n'est pas finie... Voilà que mercredi, Liliane m'annonce qu'elle part en vacances vendredi pour deux semaines.

« Vacances », ce mot résonne dans ma tête. Il me faut un instant pour le relier à la réalité. Mais je suis tout à fait en dehors de cette réalité. Si Liliane s'y prend d'avance, c'est qu'elle veut avoir le temps d'atténuer le choc parce qu'elle devine l'effet que cette nouvelle produit sur moi. Elle m'assure qu'elle me laisse entre bonnes mains: Julie, sa remplaçante, est douce et gentille, je vais l'aimer et patati et patata…

Ça ne fait que deux semaines que je connais Liliane, mais je me suis si vite attachée à elle… comme à une bouée de sauvetage… que j'ai l'impression d'être enfoncée dans la mer sans espoir de retour… Je ne veux pas qu'elle m'abandonne, j'en rage et… je pleure…

Le lendemain de cette annonce, c'est jeudi, la journée de la visite du médecin. On doit être présent à la chambre à partir de trois heures. C'est écrit au tableau du poste quand on passe le matin. Je suis là à attendre depuis un bon moment quand il arrive :

- Bonjour!… Comment ça va ?

- Mal!

-Vous êtes tombée ce matin?

- Oui, mais ce n'est pas pour ça que ça va mal!

- Vous avez mal quelque part ?

- Non.

Il prend des notes…

- Alors, qu'est-ce qui ne va pas ?

- Liliane s'en va en vacances et je veux m'en aller…

- On va faire une discussion de cas la semaine prochaine.

Voilà, c'est tout! Qu'est-ce que c'est une « discussion de cas »? Pourquoi la fait-on? Pourquoi ne m'invite-t-on pas? Oh, de toute façon, je n'ai rien à dire et ils ne veulent rien savoir de ce que je pense! Pourquoi me dit-on que ce sera mercredi? Pour me faire comprendre que je suis obligée de revenir la semaine prochaine? Il me dit ça et il s'en va! Comme si tout était réglé! Encore une fois, on parle de moi comme si j'étais un objet quelconque, une chose de la vie, tout au plus, un enfant en bas âge. Encore une fois, je suis vexée. Liliane s'en va. Je me retrouve seule, vraiment seule… Personne ne semble s'en inquiéter. La peur, l'angoisse, on dirait qu'ils ne savent pas ce que c'est. Je me retrouve presque au même point de désespoir que je l'étais chez moi avec cette infirmière qui ne comprenait rien. Et ce médecin, pourquoi fait-il ses visites? Seulement pour s'assurer que l'infirmière en chef fait bien son boulot? Si seulement il nous le disait! Non, il ne dit rien… ou presque. Oh bien sûr, quand il arrive, il me salue…, il me regarde… me pose quelques questions… je réponds… il me salue à nouveau et il s'en va. Et qui suis-je là-dedans, moi ? Bon, peut-être est-il débordé aujourd'hui et, étant donné que l'infirmière fait bien son boulot, il ne peut pas me faire la conversation… Il n'y a vraiment que Liliane qui me comprenne… et elle me quitte… Je n'arrive pas à lui en vouloir, elle a droit à ses vacances, elle aussi. « Vacances ». « Vacances». Il y a bien longtemps que je n'ai pas entendu ce mot… Dans mon esprit, il y a un temps pour les vacances : l'été ou Noël. Pourquoi prendre des vacances en plein hiver? Alors que le printemps est si près? Ce concept de vacances, c'est Liliane qui me le fait réintégrer. Mais moi, ce ne sont pas des vacances que je veux, c'est retrouver mes moyens. Et je ne peux pas choisir qui m'aidera à procéder à cette récupération de mon corps ni où ni quand. À quoi donc ai-je droit, moi?

Je reste seule à broyer du noir… Je me retrouve encore dans l'ombre, seule, devant un grand vide, sans savoir quelle sera la suite… C'est comme si tout le monde se retirait autour de moi et que, seule, je ne pouvais plus exister, prendre une place … On dirait qu'il n'y a que moi qui sente la vie, les autres sont devenus des marionnettes sans sentiments qui ne comprennent rien à ce que je vis et qui exécutent des mouvements pré-établis...

Et voilà la deuxième semaine terminée! Ce vendredi, c'est Vincent qui vient me chercher avec son ami pompier. En fauteuil roulant, ils m'amènent au rez-de-chaussée de l'Institut, m'aident à m'asseoir dans l'auto sans me faire mal et nous voilà en route. Mais le pire n'est pas fait!… On est en février. En arrivant à la porte de la maison, dans la neige, ils sortent la civière qu'Alex a apportée et l'installent sur le sol enneigé. Ils ouvrent la porte avant de la voiture, là où je suis assise, ils m'aident à sortir de là et me placent pour arriver à m'asseoir sur la civière et enfin, ils m'y étendent du mieux qu'ils le peuvent. C'est alors qu'ils s'organisent pour commencer l'ascension périlleuse à la fin de laquelle je peux enfin serrer ma fille dans mes bras!

Louise est toujours là pour s'assurer que tout va et s'occuper de mon bien-être durant ces deux jours. Et là, la vraie vie reprend. Les amis viennent, ils semblent heureux de me voir, j'oublie quelques instants que je suis éclopée ou que je devrai retourner à cet institut. Je crois que c'est alors seulement que je recommence à vivre.

Mais je me retrouve immanquablement dans cette chambre deux jours plus tard... avec encore cinq jours à supporter avant de retrouver ma fille et la vraie vie... Pourtant, je sais maintenant que tout cela aura une fin. Même si je ne sais pas exactement quand ce sera ni comment, je pense maintenant que je retournerai enseigner, car c'est là que se trouve ma raison d'être ! Je découvre que la vie, c'est d'abord le travail:

> « Le travail est une jouissance, le travail est l'honneur et le lot d'un mortel. Je m'aperçois tous les jours qu'il est la vie de l'homme ; il ramasse les forces de l'âme et rend heureux."
> (Voltaire)

J'ignore dans quelles conditions je pourrai effectuer ce retour, je n'y pense même pas... C'est la seule idée qui me fasse supporter la situation actuelle, alors pas question de me l'enlever de l'esprit !

Heureusement, pour m'aider à passer ces temps difficiles, il y a les visites. Ce sont ces visites qui me permettent de réintégrer ce que je suis petit à petit. Et elles ne me font pas défaut! La première semaine évidemment, je n'ai vu que Louise, papa, maman et Vincent, ce qui est déjà pas mal! Il y a tellement de personnes ici qui sont toujours seules, surtout les femmes !

Mais déjà cette semaine, Danielle est venue de Sainte-Agathe. Elle est arrivée mardi à une heure trente de l'après-midi. Comme ça, en plein traitement de physiothérapie! Liliane l'a accueillie gentiment et en continuant son traitement, elle répondait à ses questions. Danielle, c'est l'amie de chez qui je revenais lorsque j'ai eu l'accident. Elle a la chance d'avoir une gardienne en or qui s'occupe de ses deux filles en bas âge pendant qu'elle est absente. Elle s'inquiète de mon état et aussi de mon bien-être. Lorsque nous quittons ensemble le local de physiothérapie, elle pousse mon fauteuil jusqu'au petit salon qui sert de salle d'attente à la clinique externe et là, je lui fais part de mes commentaires sur les traitements. Puis :

- Et puis, en fin de semaine, un ami collègue doit venir me voir à la maison… Je vais lui demander d'avertir les autres de ne pas venir me voir ici.

- Pourquoi ?

- Sais pas !

- Ce serait agréable qu'ils viennent te voir. Vois-tu, moi, je ne peux venir que le jour à cause des filles… Ça te permettrait de te sentir un peu plus dans ton monde.

- Je ne veux pas qu'ils me voient ainsi... Je ne saurais pas quoi leur dire… et peut-être qu'ils ne sauraient pas quoi me dire eux non plus…

- Ça n'a pas d'importance! Vous pouvez parler de n'importe quoi!

- Mon amie Liette m'a téléphoné samedi. Elle et Guy voulaient venir cette semaine et je lui ai demandé d'attendre.

- Accepte qu'ils viennent, ça te ferait du bien de les voir!

- C'est vrai, j'aimerais les voir ! Mais je ne veux pas qu'ils viennent par pitié !

- Tu sais bien qu'ils ne viendraient pas par pitié. Tu les voyais souvent avant l'accident?

- Oui, Liette travaille avec moi; nous partageons le même bureau. Nous sommes souvent ensemble.

- Bon, alors, ça lui ferait vraiment plaisir de te voir! Elle allait te voir à l'hôpital ?

- Oui, mais je ne m'en souviens même pas. Je vais l'appeler en fin de semaine…

- Pourquoi attendre, Thérèse ? Je pourrais lui téléphoner ce soir…

- D'accord, demande son numéro à Vincent.

- Ça va ! Alors je vais partir maintenant, car je veux arriver dans le nord avant la noirceur. Je te revois bientôt et en attendant, je t'envoie Liette et Guy !

****

La semaine suivante, c'est le dr Messali, le résident en phy-siatrie, qui vient faire la visite hebdomadaire. Il me demande pourquoi je ne suis pas venue à la discussion de cas:

- C'est de vous qu'il s'agit. Vous êtes la première intéressée, il aurait été bon que vous entendiez ce qu'on dit à votre sujet.

- Je croyais que je n'étais pas invitée.

- Bien sûr que vous l'étiez! On ne vous l'a pas dit?

- On m'a dit que c'était mercredi et c'est tout.

- ... Vous avez décidé de rester?

- Je n'ai rien décidé du tout. On ne s'intéresse pas à ce que je veux.

- Mais oui, on s'y intéresse. À la discussion, on s'est de-mandé si, comme vous le vouliez, on pouvait vous permettre de rentrer à la maison et de venir pour les traitements en externe et on était tous d'accord qu'étant donné les difficultés de déplace-ment, il serait préférable que vous restiez ici.

...

- Êtes-vous d'accord?

- Oui...

- Ça va bien avec Julie?

....

Je ne sais pas quoi répondre... Bien sûr, ça ne va pas mal, Liliane a bien eu le tour : je ne peux rien reprocher à Julie ! ... Ah, et puis, si je veux m'en sortir, aussi bien continuer, ça a bien l'air qu'il n'y a pas d'autre porte de sortie !

- Elle est gentille et ne me fait presque pas mal. Elle m'a même mise debout entre deux barres parallèles... pour que je commence à marcher...

- Alors, ça va aller?

Je lui réponds d'un sourire. Il est gentil cet Africain, il me plaît bien. Lui au moins, il parle. J'ai l'impression de redevenir une personne à son contact. Il me fait un peu le même effet que Jules. Quand il me quitte, je m'empresse d'aller tout de suite frapper à la porte du bureau de l'infirmière en chef:

- Je viens vous faire part de ma dernière décision: je vais sortir d'ici debout sur mes deux jambes.

- Bravo! C'est une bonne décision.

- Sans canne à part ça !

- Je suis très contente d'entendre ça. Tu sais, ceux qui réussissent ont d'abord voulu.

Et le dimanche suivant, quand je pleure, comme les deux précédents parce que je ne veux pas quitter ma fille pour aller à l'Institut, Marie-hélène vient arrêter mes larmes en me disant :

- Tu sais maman, il faut que tu y ailles à l'Institut. C'est eux qui vont te montrer à marcher.

À partir de ce jour, finies les larmes ! Si Marie-hélène parle comme une adulte, quelle honte de raisonner comme une enfant ! De plus, mes larmes ne sont que pour elle ! Cette impression, cette certitude que j'ai qu'elle doit se sentir abandonnée chaque fois que je pars est donc le fruit de mon imagination. Si elle accepte de faire le sacrifice de sa mère pour son mieux-être, pourquoi ne ferais-je pas de même en sens inverse ?

CHAPITRE 5

Mars

Je suis si contente : Liliane est revenue ! Ce midi, je l'ai vue à la cafétéria, elle m'a souri. Et quand je suis arrivée à la salle de traitement, elle m'attendait alors que d'habitude, c'est moi qui l'attends.

Je me hâte de rouler vers elle. Je lui demande comment se sont passées ses vacances au mois de février. Avec son mari, elle est allée se chauffer au soleil du sud. Elle a l'air en pleine forme... pour s'attaquer à mes pauvres muscles...

Et j'endure ... Pourquoi donc suis-je si heureuse de la retrouver cette Liliane qui me fait tant souffrir ? J'étais si bien la semaine dernière avec Julie qui me massait gentiment les muscles et qui s'empressait de me faire tenir debout.

Pour comble de malheur, ce matin en ergo, Sophie a fait des siennes !

Je lui racontais tout simplement que j'étais allé voir Manon, l'infirmière en chef, et que je lui avais dit : « Je sortirai d'ici debout sur mes deux jambes..... »

Elle n'a rien trouvé de mieux à me dire que :

- Oui, mais avec une canne.

- Non, non, sans canne !

- Bien voyons, Thérèse, tu devrais être contente de marcher même avec une canne.

C'est ça, contentons-nous du minimum ! Pas une seconde, elle n'a osé penser que je pourrais y arriver. Pas un instant, elle ne m'a fait confiance...

Et Liliane qui reprend son martyre...

Encore le désespoir...

Après la physiothérapie, l'âme en peine, je me rends à la chambre pour le cathétérisme...

En me relevant, évidemment je me rassois dans mon fauteuil et... ne sachant que faire, il n'est que trois heures, je prends

51

l'ascenseur. Lorsque la porte s'ouvre au rez-de-chaussée, Louise est là qui revient du collège.

Elle pousse mon fauteuil vers la petite salle d'attente.

- Qu'est-ce qu'il y a ? Liliane est revenue ?

- Oui... mais comment se fait-il que Julie, elle, elle ne me faisait pas mal ? Liliane, elle, elle me fait toujours mal.

- Veux-tu, on va aller le lui demander ? Il est presque 4h, elle va bientôt terminer ses traitements, on pourrait l'attraper avant qu'elle parte.

- Il y a autre chose aussi...

- Quoi ?

- Sophie m'a dit que je ne sortirai pas d'ici sans canne.

- Parle aussi de ça avec Liliane ...

Louise pousse donc ma chaise, même si ce n'est pas permis ici : on a assez peur que les gens ne parviennent pas à se déplacer seuls, qu'ils comptent toujours sur quelqu'un... Ma famille et mes amis, eux, ils me connaissent : ils savent très bien de quelle trempe je suis, ils ne s'inquiètent vraiment pas de savoir si je pourrai me débrouiller seule quand ils ne seront pas là.

Quand nous arrivons à la salle de traitements, Liliane sort justement d'un petit local où elle vient de terminer un traitement. Louise lui explique que j'aimerais lui parler... Elle s'empresse de m'indiquer un autre local où elle entre et va s'asseoir derrière le pupitre.

- Viens, raconte-moi ce qui ne va pas.

Pendant que j'entre, Louise se retire ...

- Qu'est-ce qu'il y a ? Qu'est-ce que je peux faire pour toi ? Tu n'as pas l'air dans ton assiette...

- D'abord, je veux savoir pourquoi Julie ne me faisait pas mal et toi... tu réussis toujours à me faire si mal ! Est-ce qu'il y a deux façons de traiter ? Et pourquoi tu ne m'amènes pas marcher entre les barres parallèles comme elle le faisait ?

- Tu sais Thérèse, Julie a fait un bon travail. Mais ce qu'il faut que tu comprennes, c'est qu'il y a des préalables à la marche. Pour que tu arrives à marcher correctement, il faut remettre tes muscles en bonne condition. Pour l'instant, ils ne sont pas prêts, c'est à cela que je travaille quand je te fais si mal. Mais on va y arriver, tu vas marcher et tu vas marcher droit à part ça !

- Avec ou sans canne ?

- Ça, je ne peux pas te le dire, ça va dépendre de bien des choses…mais tu vas être contente d'arriver à marcher droit. Peut-être auras-tu besoin d'une canne, surtout au début, mais ça pourrait n'être qu'une petite canne droite. Ça ira comme ça ?

- Oui, merci beaucoup.

Elle profite du moment pour m'expliquer qu'à partir de demain, une étudiante de l'université qui commence son stage sera là pendant le traitement. Je crains un peu cette nouvelle présence, mais puisque Liliane sera là, ça devrait aller.

****

Ce matin, je suis allée voir Michèle en orthophonie. Comme d'habitude, elle s'informe de ma fin de semaine, des visites que j'ai, des gens qui sont autour de moi. Elle en arrive à me demander si je désire retourner au travail un jour :

- Bien sûr, si mon corps peut retrouver ses fonctions. Je veux revenir à mes activités normalement, avec mes deux bras, mes deux jambes.

- Si tu veux retourner enseigner, peut-être devrais-tu essayer d'écrire de la main gauche ?

En disant ça, elle me tend un crayon.

- Non, ma main va revenir !

Et je lance le crayon comme s'il s'agissait d'une balle. Il va frapper le mur en y laissant une marque. Michèle ne se fâche pas.

Quand je la revois à l'occasion d'un rendez-vous avec le physiatre six mois après être retournée enseigner, elle me raconte cette anecdote le sourire aux lèvres. Elle ne semble pas avoir été choquée de mon geste. Elle a sûrement compris ma réaction parce que, même sur le coup, elle s'est empressée de changer de sujet :

- Ça va bien avec Liliane ?

- Oui, vois-tu, elle remet ma jambe en état de marcher. Quand elle aura terminé, j'imagine qu'elle va faire fonctionner mon bras.

- Je ne sais pas, ça se peut.

Quand je la quitte, je suis désolée de n'avoir pas su me retenir, elle qui est si aimable, mais je n'ai pas pu faire autrement. Je suis certaine que cette main redeviendra normale… il le faut … sinon… Déçue et triste, je me rends en ergo… Sophie me reçoit gentiment même si je l'ai quittée plutôt de mauvaise humeur la semaine dernière. Elle m'invite à me rendre au local où il y a un lit et une baignoire. Elle me dit comme ça, tout simplement :

- On va essayer les transferts.

C'est une expression qu'on entend souvent ici. Ça m'énerve ! Ils passent leur temps à dire : « As-tu réussi ton transfert ? » « Je n'ai pas été capable de faire le transfert. » « J'ai réussi mon transfert. » Je n'ai jamais utilisé ce mot. Pourquoi ne pas simplement dire qu'on peut passer du fauteuil à la chaise … au lit… ?

Moi, tout ce que je sais, c'est que je ne suis même pas capable de me lever seule de ce maudit fauteuil roulant, j'ai les deux fesses bien collées au fond ! Et elle veut que je fasse des transferts ? Je ne dis rien et je suis…

Quand nous arrivons là, devant le lit, elle se décide à me demander :

- Peux-tu te lever de ton fauteuil ?

- Non !

- Tu ne veux pas essayer ? Juste un petit essai ? Regarde : tu places bien tes jambes et tes pieds doivent être le plus droits possible à terre… Enlève ton pied droit de l'appuie pied…

Je la regarde d'un air qui veut signifier que mon pied ne se lèvera pas seul de là. Je ne dis rien et avec ma main gauche je soulève mon genou droit et je dépose le pied à terre. Elle tourne l'appuie-pied sur le côté de la chaise.

- Bon ! Comme ça on va pouvoir travailler. Attends, tu ne peux pas mettre ton pied à terre comme il faut ?

- Non.

J'ai beau essayer de le redresser, ce pied ne veut plus se poser que sur le côté droit, ce qui veut dire que si je me lève dessus, je tombe aussitôt, risquant la plus belle foulure.

- On va probablement te faire porter une orthèse pour tenir ta cheville…

- Oui, je suis allée la chercher.

- Le médecin va te montrer à la mettre et on pourra travailler tes transferts. En attendant, viens, on va retourner au local…

Et on se remet aux petits exercices…

****

Jeudi, j'attends sagement le médecin à la porte de ma chambre quand je le vois apparaître avec son stagiaire :

- Avez-vous été chercher l'orthèse comme je vous l'avais demandé ?

- Oui, elle est dans la chambre.

Il va la chercher et on entre dans la chambre. Avec son résident, il l'examine. Il lui explique quelque chose. Ils reviennent vers moi :

- On va l'essayer, dit le physiatre.

- Il faut que j'enlève mon soulier ?

- Oui, je vais vous aider.

Il prend mon soulier, entre l'orthèse dedans… regarde le dr Messali… et ajoute :

- On va la lui mettre…

Le résident ne comprend pas :

- Comme ça ? On va lui entrer le pied là-dedans ?

Le physiatre tient dans ses mains le soulier dans lequel il a introduit cette longue pièce de plastic qui va jusqu'au genou et il est difficile de comprendre comment on pourra y faire entrer un pied, surtout un pied tout croche.

- Non, attendez.

Et il ressort l'orthèse du soulier :

- C'était seulement pour vérifier si elle entrait dans le soulier.

Alors, ces deux messieurs s'attaquent à l'ouvrage : le médecin, croyant réussir seul, me prend la jambe et essaie de la redresser pour que le pied s'installe dans l'orthèse convenablement.

Comme il n'arrive pas à la placer puisque cette jambe, qui n'est pas très droite, suit l'angle que lui donne le pied qui lui-même tourne vers l'extérieur, il demande à son collègue :

- Pouvez-vous m'aider ?

- Bien sûr, mais que puis-je faire ?

- Tenez sa jambe pendant que je place l'orthèse...

Une fois que l'un réussit à tenir la jambe dans l'orthèse, l'autre s'avise de faire rentrer le pied et l'orthèse dans le soulier. Ils sont là, tous les deux, à mes pieds, à genoux devant mon fauteuil roulant. C'est vraiment dommage que je n'aie pas envie de rire du tout, car la situation est spéciale... presque comique.

Mais eux ne trouvent pas cela très drôle. Enfin, après plusieurs essais, ils y arrivent. Le plus sérieusement du monde, mon médecin me dit alors :

- Demain, vous apporterez cette orthèse à la physiothérapeute. Elle va vous montrer comment la mettre.

- D'accord.

Il me demande :

- Pouvez-vous vous lever debout comme ça, avec l'orthèse?

- Je ne sais pas.

En disant ça, je me mets à pousser sur le bras gauche de la chaise, je pousse... je pousse... si fort... si fort... J'arrive à soulever mes fesses d'à peu près un centimètre... lorsque je sens son bras prendre le mien, le soulever pour que je me retrouve enfin sur mes deux jambes... C'est la première fois que je sens mon pied droit me porter un peu et surtout, c'est la première fois qu'il ne m'inquiète pas et qu'il ne fait pas mal.

- Bon, asseyez-vous.

- Je sens sous mon pied l'endroit où se termine l'orthèse.

- Ça fait mal ?

- Non, pas pour l'instant, mais j'ai peur...

- On verra.

Il m'enlève l'orthèse :

- Ça va ?

- Oui.

Il quitte la chambre. Le dr Messali me salue et le suit.

****

Le vendredi soir arrive. Mon mari a réussi à régler les problèmes de transport. Dorénavant, je voyagerai en ambulance. Quand on pense que je paie depuis des années pour être couverte par tout ce qu'il y a de mieux en assurances et qu'en plus, il y a maintenant l'assurance automobile. Je ne comprends toujours pas pourquoi il a fallu tant de temps avant de me permettre de 'voyager' décemment. Enfin nous y voilà ! Ces messieurs de l'ambulance se présentent à ma chambre à l'heure prévue, ils m'aident à m'étendre comme il se doit sur la civière, comme si j'étais malade et ils me transportent jusqu'à l'ambulance qui est là à l'entrée de l'Institut. Et quand on arrive à la maison, Vincent qui nous accompagne en voiture, n'a qu'à les regarder faire. En cette journée d'initiation, ils viennent me reconduire jusqu'au lit puisque c'est normalement l'endroit où l'on conduit les patients que l'on transporte en ambulance. On les remercie et ils s'en vont.

Et la vraie vie recommence. Cette semaine, c'est mon collègue Paul qui vient me voir avec sa femme. Paul, c'est lui qui m'a engagée au collège. Ce n'est pas un gros bavard, mais il fait toujours en sorte que l'on sache ce qu'il veut dire ou ce qu'il pense.

- Bonsoir, la mère !

Il m'a toujours appelée ainsi. Pour lui, je suis « la mère supérieure » du département.

- Bonsoir !

- Tu as l'air bien ?

- Oh, tu sais...

- Eh bien, moi, je t'ai vue à l'hôpital et je peux te garantir que tu as l'air bien. J'allais souvent te voir avant ou après mes cours. Au début, ce n'était pas jojo ! Quand tu étais dans le coma, je restais là à te regarder et j'avais peine à te reconnaître. Pas un cheveu, un gros bandage autour de la tête, blême comme un drap... j'avais toujours peur qu'il n'y ait plus de vie en toi ! Je m'avançais près du lit... et je te touchais pour voir si le sang circulait... tu étais toute froide... Moi qui t'ai connue si chaude ! Tu me faisais peur !

- Tu vois, moi je n'ai rien vu de tout ça, on dirait que tu me parles d'une autre personne.

- Pourtant, c'est bien vrai… Ah ! Et puis, n'en parlons plus puisque c'est fini et que tu vas mieux !

- Qu'est-ce que tu pensais en t'en retournant à Saint-Charles ?

- J'étais triste, mais l'hiver, ce n'est pas drôle sur les routes, il fallait que je pense à ça… Sais-tu ce qui m'est arrivé dans le tunnel ?

- Non.

- Un jour que je rentrais à Saint-Charles après être allé te voir, mon auto est tombée en panne juste avant la sortie du tunnel. Plus moyen de la faire bouger ! Je n'ai pas réfléchi longtemps, c'est dangereux de rester arrêté dans le tunnel. À la vitesse où vont les voitures, c'est très possible qu'un gars te rentre dedans avant que tu n'aies eu le temps de bouger ! Si je restais là à attendre je ne sais trop quoi, une voiture pouvait me frapper et m'écraser sur le parapet… J'ai pensé à toi… Je me suis vu étendu à tes côtés… Alors j'ai regardé dans le rétroviseur… et comme je ne voyais personne venir, j'ai pris mon courage à deux mains et je me suis hâté d'ouvrir la portière. Petit et souple comme je suis, vois-tu, je me suis glissé le long de la voiture pour arriver enfin sur le mur qui mène à la sortie du tunnel… Ça n'était pas loin, mais ça m'a semblé très long avant d'arriver là. Je commençais à peine à respirer quand j'ai entendu le bruit d'un véhicule qui en frappe un autre. Je jette un coup d'œil dans le tunnel pour constater que ma voiture a bel et bien été écrabouillée contre le mur…

- Mon dieu, tu as dû avoir des frissons !

- Tu peux l'dire ! Je n'ai même pas pensé à avoir peur ! Pas le temps ! Il fallait que je sorte de là !

- Tu parles d'une histoire ! Dire que tu aurais pu y rester ! Oh Paul, je suis doublement contente de te voir !

- Et moi donc !

- Ce soir, on va oublier les malheurs. Louise est en train de nous mitonner un bon petit repas. Tiens, Simone est partie l'aider … Oh pendant que j'y pense : je veux te dire quelque chose de très important. Tu sais, Paul, je suis très heureuse que tu sois venu me voir et j'aimerais que tu reviennes toi, mais veux-tu dire aux gens du département de ne pas venir à l'IRM. Je ne veux pas qu'ils me voient comme ça…

- … D'accord… je vais leur dire… Qu'est-ce que je ne ferais pas pour toi ? Mais tu sais, ils ne seront pas contents.

Paul n'a pas l'air de m'approuver trop trop…, mais je ne peux vraiment demander ça à personne d'autre… et je ne peux vraiment pas me résigner à voir mes collègues… et même mes amis pour l'instant… Pourtant je sais que Paul m'aime beaucoup, je peux compter sur lui.

- Je ne veux pas qu'ils se sentent obligés de venir me voir.

- Tu sais bien qu'ils ne feraient pas cela pour ça.

- Il y en sûrement qui voudraient vraiment me voir … du moins… je l'espère … mais pour l'instant, je ne veux pas qu'ils s'apitoient sur mon sort.

- De toute façon, si tu changes d'idée, tu n'auras qu'à me le dire…

- C'est ça.

- Même pour Liette ?

- Oui, pour l'instant ! Mais dis-lui que je vais lui téléphoner…

- D'accord.

Depuis quelques années, Paul et Simone sont installés sur une terre à Saint-Charles-sur-le-Richelieu. Elle a cessé d'enseigner pour s'adonner à la culture du jardin et aider Paul qui occupait tous ses loisirs à l'élevage des moutons. En plus de voir au bien-être et à l'alimentation des brebis et des moutons, il faut les tondre et veiller sur la progéniture. Ils étaient donc jusqu'à ce jour mes fournisseurs de délicieuse viande et de chaudes peaux. Simone m'a même tissé un manteau en laine.

Aujourd'hui, Paul m'annonce :

- J'ai vendu mes moutons. Simone et moi, nous allons nous concentrer sur la culture et agrandir le champ.

Simone est tout heureuse d'ajouter :

- Le jardin est devenu un grand champ de culture et c'est Paul qui va vendre au marché. On commence avec les asperges au printemps et on finit avec les citrouilles à l'automne. On travaille beaucoup, mais on est toujours dehors ! C'est très agréable !

- Et les peaux de moutons et la laine ?

- On va les chercher chez le voisin.

- Te souviens-tu, Simone ? Avant l'accident, on se proposait de faire du ski de fond sur ton terrain ? J'ai bien peur de ne plus être capable de te suivre…

- On verra ! Le bois est toujours là !

Et la soirée se termine tôt puisque, fatiguée, je me couche toujours à l'heure de l'hôpital. Ils me quittent en m'assurant d'une prochaine visite. Paul m'embrasse et me dit :

- Tu sais, j'aime mieux venir te voir à la maison ... les hôpitaux, moi !

- Bien oui, je te comprends ! C'est plus agréable ici.

- Alors, à bientôt !

Ça me fait tout drôle de recommencer à vivre… C'est comme si ça faisait longtemps longtemps que je ne les avais pas vus. J'ai l'impression de débuter une nouvelle vie. Même si je revois les mêmes personnes, le contexte est bien différent. Ensuite, cette coupure dans le temps et cet état dans lequel je me trouve physiquement… ça n'a vraiment rien à voir avec qui j'étais ... vais-je m'habituer à ce nouveau corps ? Je veux tellement vivre et reprendre ma vie là où je l'ai laissée… Je n'ai donc pas beaucoup le choix de m'adapter à ce qu'il me reste !… Depuis ma sortie de l'hôpital, je suis de plus en plus consciente des progrès qu'enregistre mon corps. Je me suis retrouvée chez moi, débranchée, assise, en fauteuil roulant bien sûr, mais capable avec de l'aide de faire les transferts qu'il faut. Puis j'ai commencé à manger seule, à parler pour exprimer ce que je veux, ce que je sens.

****

Cette fin de semaine-ci, un événement particulier a fait remonter mon moral d'une coche en me confirmant que j'ai toujours eu raison d'espérer et de croire en un avenir meilleur. Peut-être ne sera-t-il pas loin le moment où je n'aurai plus besoin de cathétérisme pour me vider la vessie !

60

À la maison, le samedi matin, c'est la cérémonie du bain. À l'IRM, on me fait prendre un bain le mercredi. Un préposé vient m'aider, mais je n'arrive plus à me souvenir de la manière dont il s'y prend pour que j'arrive à me retrouver assise au fond du bain : me prend-il directement de la chaise, m'aide-t-il à passer la bonne jambe puis l'autre, je ne sais plus, mais ça ne lui semble pas difficile du tout !

Chez moi, c'est autre chose. Pendant que Louise prépare la salle de bain, Vincent installe l'alèse du lève-patient sur le lit pendant que je suis assise dans le fauteuil roulant. Un lève-patient, c'est une structure bâtie sur des tiges d'acier et conçue avec des crochets qui permettent de soutenir une espèce de drap, l'alèse, pour transporter un patient qui a de la difficulté à se mouvoir, d'un lit à un autre lieu.

Quand tout est prêt, je m'assois sur le lit, me déshabille et m'étends sur l'alèse. Vincent replace les crochets sur l'alèse et lorsque tout est bien installé, il s'en va à côté du lève-patient et actionne la manette qui tire sur les côtés de l'alèse et je me sens soulevée. Lorsque je suis à une bonne hauteur, il fait rouler l'appareil vers la salle de bain. Il me place au-dessus du bain et quand je suis enfin bien alignée, il actionne une autre manette et je descends doucement dans l'eau.

Louise commence par me laver la tête. Quand j'ai la tête bien rincée, elle vide le bain de son eau savonneuse et le remplit à nouveau pour laver le reste. Aujourd'hui, comme souvent elle le fait, elle sort de la salle de bain pour aller faire autre chose pendant que je me détends dans l'eau. Au bout de quelques minutes, comme ça, sans que j'y aie pensé, je sens l'envie d'uriner, moi qui n'ai pas ressenti cette sensation depuis des mois. Comme je n'ose me laisser aller puisque Louise vient de terminer ma toilette, je lui fais part de mon intention et elle s'empresse de m'approuver.

Et cette semaine, je suis un peu contente de revenir à l'IRM avec ma bonne nouvelle !

****

Mardi matin, quand je remonte à l'étage après le déjeuner, la secrétaire me dit d'attendre avant de commencer à m'habiller parce que l'ergothérapeute s'en vient me montrer comment m'y prendre.

La voilà qui arrive !

- Bonjour !

- Bonjour. C'est aujourd'hui que je vais apprendre à m'habiller ? Il est presque temps !

- Tu trouves ? Je croyais que tu ne voulais pas ?

- Bien sûr que je veux, c'est fatigant d'avoir toujours besoin de quelqu'un, tu sais.

- Bon alors allons-y ! Tu sais comment enlever ta jaquette ?

- Oui, ça, l'infirmière me l'a montré.

Et elle entreprend le soutien-gorge : il faut l'attacher en avant, puis le faire pivoter pour le placer convenablement. Elle le place donc devant moi pour que j'y introduise mes bras et je n'arrive même pas à le lancer derrière mon dos pour l'attraper de l'autre côté avant d'essayer à l'attacher. Je sens que j'en ai pour un bout de temps à devoir pratiquer...

Ensuite, la culotte. C'est relativement facile d'y entrer les deux pieds, mais il faut se lever debout pour la monter, ça, c'est moins drôle ! En me plaçant devant le lit, barreaux levés, je réussis à attraper mon vêtement à travers les barreaux... je finis par avoir le tout à la bonne place sans tomber.

Enfin, les bas. Ça ne paraît pas compliqué, mais il faut réussir à ouvrir le bas suffisamment pour y faire entrer un pied, c'est un exercice que je ne contrôle pas du tout aujourd'hui. Sans compter le reste : entrer le pied, le placer, enfiler la chaussure et l'attacher ! Ce sera pour une autre fois !

Je reste là tout hébétée … Je viens de me rendre vraiment compte que je n'ai pas fini de travailler si je veux arriver à m'habiller toute seule. Maintenant qu'elle m'a montré la technique, j'espère qu'elle reviendra demain pour m'aider à pratiquer.

CHAPITRE 6

Avril

Hier, samedi, c'était l'anniversaire de mon frère Xavier. Comme il demeure à Québec avec sa famille, on ne le voit pas tellement souvent. Quand je lui ai téléphoné pour lui souhaiter bonne fête, il m'a appris qu'il quittait sa femme :

- Est-ce que tu pourrais en aviser la famille ?
- Oui, bien sûr … Quand pars-tu ?
- Vendredi.

Après une courte conversation, nous nous quittons… Je raccroche en souriant. Oh bien sûr, ce n'est pas une bonne nouvelle, mais pour moi, c'est un autre pas de géant que je viens de faire ! Mon frère me confie la tâche d'aviser la famille de sa séparation. En voilà enfin un qui ne me croit pas débile. Toute fière de ma nouvelle responsabilité, je commence à me demander qui avertir et comment… Tiens, rien ne m'oblige à téléphoner tout de suite. Je vais attendre à lundi. Pourvu que ce soit papa qui vienne dîner avec moi. Si c'est maman, je n'oserai jamais la mettre au courant. J'ai bien trop peur de lui faire de la peine. À la cafétéria, devant tout le monde !…

Lundi, quand je descends pour dîner, je me prépare mentalement. Qui ne vois-je pas en sortant de l'ascenseur ? Papa ! Comme d'habitude, nous nous asseyons à table devant nos plateaux :

- Samedi, j'ai téléphoné à Xavier… Il m'a appris qu'il quitte Josée…

Pour tout commentaire, papa dit :

- Il fallait s'y attendre…

Et nous changeons de sujet.

****

À partir de maintenant, je me sens moins la malade qui ne peut rien faire seule et qui doute de réussir à redevenir aussi autonome et indépendante qu'elle l'était. Je ne sais toujours pas combien de temps durera cette escalade vers la vie, mais au moins je sais que mes efforts et mon entêtement ne sont pas vains.

C'est comme si je ressentais à l'intérieur de moi un renouveau, une renaissance... je retrouve celle que j'étais, capable d'organiser, de prévoir ses activités, si limitées soient-elles. Je peux au moins sentir mon évolution, espérer pouvoir retrouver mes moyens pour m'occuper de ma fille. Finis l'état d'abattement, la désolation, la nostalgie même, il ne faut plus penser au passé, mais s'assurer que l'avenir sera possible et positif !

Depuis mon bain de fin de semaine, plus de cathétérisme ! Je vais à la toilette comme tout le monde... pour uriner... C'est sans doute ce qui a poussé l'infirmière à me mettre un suppositoire pour activer l'autre fonction... Mais peine perdue... ça n'a pas fonctionné.

Il ne faut quand même pas exagérer ! Rien n'a été rapide depuis l'hôpital. Là au début, j'étais dans mon lit, branchée ... Par la suite, on y venait me soigner, me nourrir, me visiter. Je ne m'en souviens même pas. Je suis obligée de croire ce que l'on me raconte. Mais, dans le fond, c'est une chance. J'aime autant ne pas me souvenir de ces moments lugubres.

Maintenant, je me lève tous les matins, je vais à la cafétéria pour prendre mes repas, je me rends à mes traitements aux quatre coins de l'Institut... en fauteuil roulant, bien sûr... Je peux me promener toute la journée, je vois beaucoup de monde. Depuis que je suis ici, je suis en contact avec la vie... du moins un peu. Des barrières s'ouvrent même si ma vision est encore limitée, même si je suis toujours réduite aux mêmes décors, même si je ne suis pas dans mon milieu, même si ma fille me manque...

Cette fin de semaine, c'est la fête de Pâques. On a donc « congé » quatre jours. Deux semaines courtes ! Comme à l'école. Ça, c'est agréable. J'ai l'impression que ça me fait le même effet que quand j'étais petite : un grand congé !

J'arrive donc chez moi le jeudi vers 4h. Comme Louise sait que je ne vais pas à la selle de la semaine, elle s'approche de moi pour me demander discrètement si j'ai besoin d'elle. Comme je réponds dans l'affirmative, elle m'installe... Depuis quelque temps, je vais à la selle, mais seulement chez moi, une fois par semaine. Et ce, malgré tous les Metamucil qu'on me fait prendre tous les jours à l'IRM. Bon ! Pour l'instant, n'y pensons plus, Marie-hélène m'attend !

Je la prends dans mes bras et on échange une longue caresse. Puis, elle m'invite à la suivre, mais en réalité, c'est elle qui pousse le fauteuil. Je l'aide, car c'est difficile sur le tapis... je l'aide du mieux que je peux en faisant tourner la roue de ma main gauche .... On arrive bientôt dans sa salle de jeu. Là, elle me demande à quel jeu je veux jouer. Comme je lui laisse le choix, elle va chercher *Les échelles*. Évidemment, c'est moi qui me retrouve souvent sur la case du serpent, je dégringole jusqu'à sa queue et elle gagne toujours, elle qui monte les échelles sans arrêt. Cette petite est aussi chanceuse que sa grand-mère et même son arrière-grand-mère !

L'heure du souper arrive et comme la télévision est allumée, j'écoute les nouvelles en continuant à jouer.

Les nouvelles ! Ce mot à lui seul sonne très bizarre dans ma tête. Pourquoi des nouvelles ? On parle du premier ministre, d'événements qui ne me touchent pas du tout. Et des chicanes un peu partout ! C'est comme s'il s'agissait de la vie sur une autre planète. Je ne comprends pas pourquoi ces choses-là intéressent les gens. Je me sens comme à l'extérieur de ce monde-là. J'ai peine à croire que j'en ai déjà fait partie. Tout ça n'existe plus pour moi. Je me sens si loin de tout ce qui n'est pas Marie-hélène, ma famille, l'Institut, mon chez-moi... Pourtant, mon esprit sait que le collège existe, que j'y enseignais et que je tiens à y retourner... mais mon univers s'arrête là !

Pour la première fois, durant cette fin de semaine de Pâques, je m'installe pour regarder un film : *Jésus de Nazareth*. Mon souvenir lointain me dit que c'est un bon film... Pourtant, cette parade des Juifs autour de Jésus, ce personnage si différent dont je ne me souviens guère si ce n'est de son histoire..., cette intrigue qui n'arrive pas à m'accrocher même si je sais que j'ai déjà aimé ce film... Je n'arrive tout simplement pas à récupérer le lien qui existe entre ma vie et cette histoire... Je suis déçue... Ça me fait le même effet que les nouvelles...

Et voilà que mon frère me demande si j'aimerais aller chez lui pour le souper de Pâques. Francis est très gentil, il veut fêter mon retour à la vie. Et pour lui, il n'y a jamais de problèmes insolubles. Il a pensé à tout. Il suggère même de me prendre sur son dos. Il est très fort et même acrobate. Quand il était petit, il grimpait dans les poteaux. Eh bien, quand je raconte cela à Louise, elle s'exclame :

- Ah oui ? Mais c'est une bonne idée ! Qu'est-ce que tu en penses, toi ?

- Es-tu folle ? Moi sur son dos ? Je vais tomber ! Je ne peux même pas me tenir avec mon bras droit, je vais pencher d'un côté. Nous vois-tu nous écraser à terre l'un sur l'autre ? Et si j'étais en dessous, ça serait drôle peut-être ? Non, pas vraiment !

- Tu sais, il ferait très attention et nous serions là à vous surveiller.

- Surveille tant que tu voudras, tu ne pourras jamais nous empêcher de tomber ! Non, j'ai trop peur ! Qu'il vienne ici plutôt. Et les autres aussi.

- Bon, on va voir !

Et voilà, je suis sauvée, ils ont compris ! Mais moi, ça me fait horreur d'avoir si peur, moi qui n'ai jamais eu peur de rien ! J'avais même beaucoup de difficulté à comprendre ce qu'est ce sentiment bizarre. Je ne saisissais pas du tout ce que peut ressentir une personne qui a peur. Impossible de me mettre à la place de l'autre. Et maintenant, j'ai peur de tout ! Même assise dans mon fauteuil roulant, si j'ai le malheur d'échapper quelque chose à terre, je ne peux le ramasser. Je suis incapable de me pencher, ne fut-ce qu'un tout petit peu, j'ai peur de foutre le camp à terre !

D'abord, pour ce qui est du voyage sur le dos de Francis, je crois qu'on ne sera jamais capable de m'y faire monter. Je suis toute croche et je n'ai pas de force ! Sans compter que quand je panique, mon côté droit devient tout raide.

Finalement, la famille a cédé à mes peurs et on fête chez moi. Ma tante vient et amène ma cousine qui demeure en Nouvelle-Écosse, cousine que je ne vois pratiquement jamais. Ça aussi, ça me fait très bizarre ! C'est comme si elle arrivait d'une autre vie. C'est la première fois que j'ai conscience que la famille est réunie autour de moi. Dans ma tête, le souvenir d'une réunion de famille est très, très lointain. C'est comme si je retrouvais quelque chose qui n'existe plus. Pourtant, tout le monde est là, mon père et ma mère, qui sont si présents depuis l'accident, mes deux sœurs, mes quatre frères et les enfants de tout ce beau monde. Je constate bien qu'ils n'ont pas changé, sauf les enfants qui ont grandi... Quelques-uns s'affairent à organiser la table, à préparer le souper... Je les regarde moi qui ne peux pas les aider. Je suis au salon avec ceux qui ne participent pas aux activités de la cuisine et de la salle à manger. Le salon est ouvert sur la salle à manger, alors on est quand même tous ensemble !

Debout, Francis lève son verre à ma santé ! Tout le monde l'imite. Je suis très émue...

****

Évidemment, le mardi suivant, je suis de retour à l'Institut.

C'est le printemps et aujourd'hui, c'est mon anniversaire. Me voilà déjà rendue à 38 ans. J'ai reçu de belles fleurs, des azalées. Ça met un peu de gaieté dans cette sombre chambre. Heureusement, sur le bord de la fenêtre, elles se réchauffent au soleil.

Vers 11h, Éric, un résident très sympathique, m'attend au poste, une boîte de pâtisserie dans les mains.

- Bonne fête, Thérèse ! dit-il.

- Oh, tu es gentil. Merci beaucoup !

Il me tend la boîte en disant :

- On pourrait peut-être dîner ensemble, si tu veux. Voici le dessert.

- Merci, ça n'était vraiment pas nécessaire !

- Mais si, c'est ta fête !

Dernièrement, on a parlé de nos anniversaires et il a retenu la date du mien. On est encore à échanger lorsque je vois tous les autres résidents de l'étage former cercle autour de moi. On me remet une balle de tennis sur laquelle chacun a signé son nom... Disons que plusieurs ont demandé aux infirmières de signer pour eux parce qu'ils ont perdu l'usage d'une ou de leurs deux mains… C'est doublement touchant de recevoir ainsi une telle attention ! Ils savaient que j'aimais jouer au tennis… quand j'avais mes deux bras, mes deux jambes... Pourrais-je jamais reprendre cette activité ? En tout cas, je vais conserver cette balle…

Depuis quelques années, Danielle et moi, on a pris l'habitude de fêter nos anniversaires en prenant un bon repas au restaurant. Mon amie ne veut pas déroger à son habitude, surtout pas cette année ! Elle a décidé de m'amener à *La Lucarne*. Ce n'est pas loin de l'Institut et c'est un bon restaurant. À quatre heures, je l'aperçois au bout du corridor.

À l'Institut, on est toujours en short, c'est plus simple pour les traitements. Alors il faut se changer pour sortir : enfiler pantalons, bottes, chandail, manteau… c'est aussi long pour moi que d'habiller un enfant. Mon amie est arrivée tôt pour m'aider. Quand je suis prête, elle pousse mon fauteuil et nous prenons l'ascenseur.

Deux minutes plus tard, nous arrivons dehors. Elle place le fauteuil vis-à-vis la portière avant de la voiture et prend bien soin de mettre les freins.

C'est alors que la grande opération commence. Comme d'habitude, je finis par être installée à la bonne place. Danielle trouve le moyen de plier le fauteuil et de le placer dans le coffre de la voiture et nous partons. Elle me raconte qu'elle a fait ses premières armes ici, à la clinique de l'Institut. Elle connaît même l'infirmier qui est encore à la clinique. C'est avec lui qu'elle travaillait.

Peu de temps après, nous arrivons au restaurant. C'est alors le même scénario en sens inverse. De plus, à l'entrée du restaurant, il y a une marche. Danielle tourne mon fauteuil pour monter à reculons, c'est plus facile. Elle passe à peine la première porte que le maître d'hôtel vient l'aider à monter la petite marche qui sépare le portique de l'entrée du restaurant. Enfin installées pour prendre un bon repas comme d'habitude, nous profitons au maximum de ces quelques heures de détente.

De retour à l'IRM, l'infirmière prend la relève, remercie Danielle et l'assure de bien s'occuper de moi. Quelques instants plus tard, je suis installée dans le lit. Pendant les quelques minutes qu'il me reste avant d'être prise par le sommeil, je repense à cette belle journée en me disant qu'il y en aura encore plusieurs aussi intéressantes dans cette nouvelle vie que je commence.

C'est en effet la première fois que je me sens réellement bien, dans mon vrai monde, en dehors de ma famille. Je ne pense même pas à la dure réalité des handicapés qui se retrouvent dans l'obligation de surmonter quotidiennement tous les obstacles de ce monde fait pour se promener sur deux jambes. Je n'y pense pas parce que je suis convaincue que cet état dans lequel je me trouve est temporaire. Un jour, je me retrouverai sur mes deux jambes, avec l'usage de mes deux bras et de mes deux mains.

****

Au moment où je suis en ergothérapie ce jeudi matin, qui est-ce que je vois se pointer dans la porte du local ? Mon médecin lui-même. C'est très rare que les médecins se promènent dans les salles de traitements. Il faut vraiment qu'ils aient quelque chose de spécial à dire où à faire. Je ne sais pas du tout ce qu'il fait là. Il vient peut-être voir quelqu'un qui n'y est pas.

Il s'avance vers nous… Je suis là, avec Sophie, à essayer de comprendre ce qu'elle veut de moi…

- Bonjour, je m'excuse de vous déranger, mais il y a une chose dont je voudrais vous parler, à toutes les deux.

- Vous ne nous dérangez pas, assure Sophie. Qu'est-ce qu'on peut faire pour vous ?

- Vous savez sans doute que madame Belzile arrive ici tous les lundis matins transportée par les ambulanciers ?

- Oui, elle m'en a déjà parlé.

- Je crois qu'il est exagéré de se servir de ce transport qui est là pour les cas d'urgence et non pour servir de transport aux gens qui se déplacent toutes les semaines.

À l'heure actuelle, le transport adapté n'existe pas. Il faut se débrouiller avec ce qu'on a, c'est-à-dire les voitures ordinaires … comme on en a eu l'expérience à Noël et même quand j'ai quitté l'hôpital ! C'est bien beau de laisser les gens se débrouiller avec les moyens du bord et de les regarder faire sans se mettre à leur place, mais quand c'est toi qui a la charge de réussir hebdomadairement ce tour de force, ça n'est pas une partie de plaisir !

Le médecin interrompt ma pensée :

- Pourquoi vous faut-il l'ambulance pour vous déplacer ?

- Je suis incapable de descendre et de monter l'escalier.

- Vous ne pouvez pas essayer de monter et descendre sur vos fesses ?

- Je ne crois pas, non.

- Il faudrait essayer.

- Mais je n'arrive même pas à soulever mes fesses pour me lever du fauteuil roulant !

Et s'adressant à l'ergothérapeute :

- Vous ne pourriez pas lui faire pratiquer ça ?

- Je ne sais pas, c'est plutôt le travail de la physiothérapie, non ?

- … On verra...

Et il s'en va…

Et je n'en entends plus jamais parler… Je continuerai à utiliser ce moyen de transport jusqu'à ce que j'arrive à descendre et à monter l'escalier.

****

Aujourd'hui, c'est la dernière séance d'orthophonie. Michèle m'a expliqué hier qu'elle serait en congé à partir de ce soir pour terminer son mémoire de maîtrise. Comme on estime que je n'ai plus ou presque plus de problème de langage et de mémoire, on a décidé d'arrêter les traitements d'orthophonie. J'en suis fort aise, d'autant plus que je n'ai jamais cru en avoir besoin. Mais les rencontres avec Michèle meublaient bien le temps. Que ferai-je pendant cette heure du début de l'avant-midi ?

C'est en ruminant cette question que je me rends à la cafétéria pour le dîner… Comme d'habitude, je passe à côté du bureau du gardien de sécurité qui se trouve justement entre l'entrée et la porte de la cafétéria. J'y croise les gars qui s'en vont manger. L'un me lance une boutade au passage :

- Allo toi, tu as eu un accident ? Te voilà en fauteuil roulant ?

- Ben oui ! lui dis-je sur le même ton. Ct'épouvantable hein ? Je n'arrive même pas à me lever seule de cette maudite chaise !

Et nous éclatons de rire à l'unisson. Le gardien nous regarde et sourit :

- Vous savez, ceux qui sont sortis d'ici sur leurs deux jambes avaient un bon moral.

- On n'est pas pour se lamenter tout le temps. Merci bien pour l'encouragement !

Et je vais rejoindre maman qui m'attend plus loin, près de la porte.

- Bonjour Thérèse, tu as l'air de bien t'amuser ?

- Ils sont aimables, ces gars-là ! Tu sais, c'est l'un d'eux qui m'a apporté un gâteau pour ma fête.

Nous entrons à la cafétéria et choisissons le plat que nous mangerons ce midi. Une fois à nos places, je confie à maman :

- Tu ne sais pas ce qui m'est arrivé hier ?

- Non.

- Mes menstruations sont reparties ! J'avais bien besoin de ça !

- Tu devrais être contente ! Ça veut dire que tu vas mieux. Tu retrouves tes fonctions.

- Avec le mal de ventre ! Je m'en serais bien passé !

- As-tu encore mal ?

- Non, ça va !

- Moi, je suis contente pour toi, je trouve que c'est bon signe ! N'est-ce pas ce que tu veux ? Retrouver ton corps tel qu'il était ?

Elle ajoute en catimini :

- Ça fait partie de notre condition de femme !

- Je sais bien, mais changeons de sujet, veux-tu ?

Et je lui raconte le départ de Michèle...

L'après-midi se passe comme d'habitude. Liliane essaie sans succès de manipuler mon bras droit, celui qui a subi une subluxation. Elle constate qu'il est impossible de travailler sur ce bras, alors elle a dû signifier la chose aux autorités médicales puisque, lorsque je suis revenue à ma chambre aujourd'hui, le médecin m'attendait avec sa seringue. Une injection de cortisone suffira peut-être pour qu'on puisse enfin traiter mon bras.

****

Ce soir, après souper, comme je fais demi-tour pour me diriger vers la porte de ma chambre, j'aperçois mes amis du collège là, au bout du corridor, à la sortie de l'ascenseur. Jacques, Antoine et ... Justin une fleur à la main! Paul, à qui j'avais donné la permission de venir, n'est pas là et les autres sont là malgré mes instructions. Quand ils arrivent près de moi, Jacques s'empresse de m'expliquer :

- Paul nous a dit de ne pas venir, mais nous autres, on voulait te voir. On n'a pas à demander de permission.

- Vous êtes gentils ! Mais pourquoi Paul n'est-il pas venu ?

- Il n'aime pas les hôpitaux et il reste loin. Il ne voulait pas venir parce que tu ne voulais pas nous voir. Il était un peu mal à l'aise...

- Dites-lui que je ne lui en veux pas.

L'infirmière approche :

- Il y a un salon au bout du corridor. Vous y seriez plus à l'aise.

- On y va ? demande Justin.

Et il s'empresse de pousser ma chaise. Une fois là, on s'installe :

- Tu sais, reprend Jacques, la session finit bientôt. On aimerait faire comme d'habitude. Est-ce qu'on te laisserait sortir pour venir souper au restaurant avec nous, un soir ?

- Bien sûr ! Je suis déjà sortie comme ça. Mais comment m'amèneriez-vous là ?

- Dans la camionnette de Jacques, s'empresse de répondre Antoine.

- Vous ne pourrez jamais me monter là-dedans.

- Mais oui ! Fais-nous confiance, on va te monter... et te descendre ! Tu vas voir !

- Allez-vous me rentrer dans la camionnette, assise dans le fauteuil ?

- Mais non, on ne serait jamais capables. Mais toi, penses-tu être pouvoir t'asseoir en avant ?

- Heu … Je ne sais pas.

- Ben oui Thérèse, nous autres, on va te monter, tu vas voir !

- Vous pensez être capables ?

- Ben sûr, voyons ! On a déjà vu neiger !*

- Alors, d'accord, je vous fais confiance !

Et on continue à faire la conversation sur tout et sur rien, comme d'habitude. Mes amis ne me quittent que lorsque tout est déjà noir à l'étage… Je suis la dernière à me coucher. Encore une fois, je sens la réalité me rattraper et j'en éprouve un grand bien-être. Fini les portes de l'Institut fermées ! Désormais, n'importe qui peut venir me voir !

****

Hier soir, en me couchant, j'ai senti comme une éraflure dans l'aine. Ce matin, France vient, comme tous les matins, m'aider à me lever. Comme je suis dans le lit et en jaquette, je pense que c'est le meilleur moment pour lui en parler. Elle regarde… et constate que j'ai une bonne irritation probablement parce que je suis toujours assise... et avec la chaleur qu'il fait à l'Institut !

- Il faut soigner ça parce que, à l'endroit où c'est, le tissu va arriver difficilement à se refaire. C'est un mauvais endroit pour être irrité, la peau ne peut pas respirer… et tu es toujours assise…

- Est-ce que tous ceux qui sont en fauteuil roulant ont la même chose?

- Non, mais tu n'es pas une exception non plus.

C'est ainsi que je fête le début des journées chaudes. Plus tard, quand je quitterai l'Institut, Lise me dira :

---

* André Dugas, *Le Dictionnaire pratique des expressions québécoises*, Marquis, Les Éditions Logiques inc., p. 17

- Quand tu te laves, fais bien attention de toujours bien as-
sécher cette partie.

Cette gentille infirmière entre en fonction à quatre heures.
C'est donc elle ou Marie qui s'occupe de moi quand je reviens de
mes traitements l'après-midi. Toutes les deux sont douces, agréables, souriantes tous les jours. Tout paraît simple pour elles ! Il n'y
a jamais de problèmes ! C'est Lise qui, un beau soir, a offert à
Louise de prendre sa place pour m'aider à faire ma toilette du soir
et à me mettre au lit. À partir de ce soir-là, Louise a pu quitter plus
tôt et je me suis habituée à fonctionner comme les autres avec le
personnel qui est là pour ça et j'en étais très confortable.

Et voilà le docteur Messali qui arrive. Il décide de me faire
sécher la peau au séchoir, de la couvrir d'onguent. De plus, je devrai rester étendue, les jambes ouvertes tant que ce ne sera pas
mieux. Et papa viendra à nouveau dîner à ma chambre.

Pendant presque deux jours, dans le lit, la jambe droite
pliée et ouverte, j'ai « reçu du séchoir » dans l'aine toutes les heures ! On m'a aussi appliqué de la crème… Selon ses bonnes habitudes, Liliane est venue me voir à l'heure de mon traitement…
Étant donné ma position peu confortable, elle a travaillé mon bras
en prenant toutes les précautions pour ne pas me faire grimacer.

****

Depuis quelques jours, Liliane travaille à me faire tenir debout sur mes deux jambes. La semaine dernière, quand j'ai vu le
médecin :

- Est-ce que la physiothérapeute vous fait porter votre orthèse ?

- Elle m'a dit de l'apporter, mais je l'oublie toujours …
C'est que je vais en physiothérapie après le dîner. Je ne veux pas la
traîner à la cafétéria et je n'ai pas le temps de remonter la chercher…

- Venez la chercher avec Liliane.

- D'accord.

- J'ai avisé l'Atelier que vous iriez chercher une canne quadripode. C'est une canne à quatre pattes. Avec l'orthèse et la canne, vous allez pouvoir commencer à marcher.

- J'ai bien hâte !

- Alors, n'oubliez pas votre orthèse et allez chercher la canne dès demain.

- Merci.

Alors, je n'ai pas oublié, je suis montée à la chambre avant une heure pour venir chercher l'orthèse. J'arrive en physio avec cette chose en plastique à la main qui m'empêche de faire rouler le fauteuil convenablement. Je m'empresse donc de la déposer sur le premier matelas que je rencontre…

- Ah, tu l'as apportée aujourd'hui !?

- Oui, c'est compliqué ! J'espère que tu vas réussir à me la faire porter là où elle doit aller parce que je ne la rapporte pas dans ma main.

- Tu aurais dû me le dire, je serais allée t'aider.

- Mais non, ça va ! Mais je dois aussi aller à l'Atelier pour la canne…

- Tout à l'heure, à la deuxième partie du traitement, je vais te montrer comment mettre l'orthèse, on va aller chercher la canne et peut-être commencer à marcher ?

- Ah oui?

- Oh, faire quelques pas !

- Ça ne fait rien si on ne marche pas beaucoup. De toute façon, je ne pourrais sûrement pas me tenir debout longtemps, mais au moins, je serai sur mes deux jambes!

- Pour l'instant, étends-toi, il faut préparer ces jambes-là !…………………

Quinze minutes plus tard :

- Bon, regarde ! Tu mets l'orthèse dans le soulier, tu tiens le tout par l'orthèse et tu entres ton pied dedans. Je vais t'aider.

- Comment vas-tu faire ?

Je suis assise dans le fauteuil, elle met les freins. Elle s'accroupit devant moi, lève ma jambe droite, la place dans l'orthèse pour faire glisser mon pied tout de travers jusqu'à dans le soulier… Justement, celui-ci s'en va à côté du soulier… Elle recommence, mais cette fois, elle tient l'orthèse d'une main et mon pied de l'autre... Je ne peux collaborer en aucune façon : mon pied n'obéit à aucune commande de mon cerveau. Lorsque enfin il est dans le soulier :

- Maintenant, je vais te montrer à enlever ton soulier et tu vas essayer de le mettre toute seule.

- Vraiment?

- Oui, tiens, pour l'enlever, tu pousses sur le bout de l'orthèse et si tu as bien détendu les lacets, ça va tout seul.

- Ça a l'air facile quand tu le fais. Donne que j'essaie.

Elle me remet le soulier affublé de l'orthèse ...

- Regarde, je ne pourrai jamais y arriver, mon pied ne lève pas assez pour que j'y entre cette affaire-là qui est beaucoup trop longue... et trop grosse !

- Attends, tu n'y arriveras pas comme ça. Il faudrait que tu mettes ta jambe droite sur ton genou gauche... là, comme ça.

- Ah oui, c'est vrai ! Il me semble que ça se contrôle mieux comme ça !

- Maintenant, ton pied droit est stabilisé. Tu prends l'orthèse par le milieu... comme ça... et tu fais glisser ton pied dans le soulier bien délacé...

- Tu ne penses pas que je devrais tenir le soulier au lieu de l'orthèse ? Attends, si je prends le soulier, l'orthèse me nuit, elle est trop longue... Je vais prendre l'orthèse par le bas... comme ça. Ça va mieux, mais c'est difficile !...

Liliane m'aide à redresser le soulier pour que le pied inerte y entre...

- Voilà, ça y est ! Nous avons réussi ! Maintenant, je crois que je vais me mettre debout pour que mon pied se place parce que j'ai l'impression qu'il est encore tout de travers...

- Oui, c'est toujours mieux !

- Oui, on peut dire !

- Maintenant assis-toi, on va aller chercher ta canne.

- D'accord.

CHAPITRE 7

Mai

En ce premier lundi de mai, comme c'est devenu la routine, Louise va reconduire Marie-hélène à l'école. Vincent prépare ma petite valise. Les ambulanciers m'aident à m'étendre sur la civière, descendent l'escalier. Ils m'installent dans l'ambulance qui se dirige vers l'Institut. Vincent ferme la porte de la maison, se glisse dans sa voiture et nous suit. Une fois rendus à l'Institut, les ambulanciers me déposent dans un fauteuil roulant. Mon mari est là pour finir d'installer les effets dont j'aurai besoin au cours de la semaine. Lorsqu'il a terminé, il pose un baiser sur mes lèvres avant de partir.

Il travaille le soir, je comprends qu'il ne puisse pas toujours venir passer ses après-midi avec moi. Même les fins de semaine, il n'est pas souvent là. Je ne sais pas ce qu'il fait, mais on dirait qu'il est mal à l'aise...Est-ce de me voir dans cet état ou... ? De toute façon, depuis que les « gars » sont venus me voir, j'ai permis aux gens du collège de venir. Je ne passe jamais une soirée seule. Il arrive même que Louise arrive quand des amis sont déjà là.

Louise.... Louise... Maintenant que je me retrouve, maintenant que je me sens plus forte et plus apte à demander moi-même ce que je veux, je commence à ne plus aimer qu'on s'occupe trop de moi. Je veux revoir mes amis d'égal à égal et j'aimerais que Louise se sente plus libre de me visiter seulement si elle a le goût de me voir.... Je ne veux plus qu'elle vienne pour m'aider à faire ceci ou cela, mais je suis bien incapable de le lui dire... ça pourrait la choquer... elle pourrait me trouver sans cœur.... Je me sens en effet un peu sans cœur... mais j'ai besoin de me retrouver seule, de cesser d'avoir ce sentiment de dépendance... qui est tellement contre ma nature... J'aimerais aussi pouvoir dire à ma sœur qu'il me ferait plaisir qu'elle amène Lucie me voir plus souvent, mais je sais qu'elle a beaucoup d'occupations et, comme Lucie demeure à Chomedey, ça lui fait un méchant détour pour aller la chercher puis la reconduire... Alors, je ne dis rien, mais elle doit sentir quelque chose parce que dernièrement, elle a amené Lucie... Et lorsqu'elle voit qu'il y a déjà quelqu'un avec moi où quelqu'un qui arrive pendant qu'elle est là, elle me dit bonsoir et se retire.

En fait, ce qui me dérange le plus, ce que je crains pour l'avenir, parce que je commence à voir un avenir devant moi, c'est que ma sœur se croit obligée à moi, qu'elle pense que je ne pourrai plus jamais me passer d'elle. J'ai l'impression qu'elle aime bien jouer ce rôle de protecteur... De mon côté, c'est exactement l'inverse : je crois que je vais retrouver mes moyens et, par le fait même, mon indépendance... et ma solitude ...

****

Aujourd'hui, comme d'habitude, j'ai vu Jules à la fin de ma journée. Comme d'habitude, il s'informe de mes activités de fin de semaine :

- Encore de la visite : mes amis Liette et Guy. Depuis que j'ai accepté qu'ils viennent me voir ici, ils sont là religieusement tous les jeudis soirs. Mais c'est la première fois depuis l'accident qu'on les reçoit chez moi. C'est différent et agréable, on s'est retrouvé comme avant.

- Tu as l'air d'être entourée de bons amis.

- Ça c'est vrai.

- J'en suis très content pour toi. Moi, je ne sais pas si je te l'avais dit, mais mon stage finit cette semaine. C'est malheureusement la dernière semaine que je te voie.

- C'est dommage, qu'est-ce que tu vas faire maintenant? Tu as fini ton cours?

Il m'annonce qu'il va probablement entreprendre des études de médecine.

- Tu fais un peu comme moi, mais moi, j'ai changé d'idée avant de faire mon cours.

- Tu sais, le travail social n'est pas en contradiction avec la médecine, mais toi, qu'est-ce que tu as fait?

78

- Tu le sais bien : j'ai étudié en linguistique.

- Oui, mais qu'est-ce que tu voulais faire?

- Ah, quand j'ai terminé mon bac ès arts le soir, je voulais continuer à l'université le jour. Et comme le Collège Sainte-Marie, où j'étais, devenait l'UQAM (Université du Québec à Montréal), j'ai décidé de m'y inscrire. On y offrait la possibilité de faire une majeure-mineure, ça me plaisait parce que je ne voulais pas être cloisonnée en littérature et je ne voulais pas faire tout un bac spécialisé en science politique. J'ai présenté ma requête au directeur du département de science politique : « Je voudrais faire du journalisme. J'ai pensé qu'il serait intéressant de faire littérature et science politique. » Aussitôt, il m'a répondu : « C'est génial! Personne n'a jamais pensé à ça. » Mais le con qui dirigeait le département de littérature m'a tout simplement dit : « Mais ça n'a pas de bon sens! On n'a jamais vu ça! » J'ai eu beau lui expliquer ce que je voulais faire et ce que son collègue pensait, peine perdue! Contrariée et frustrée, j'ai décidé spontanément que je n'irais ni en littérature ni en science politique même si la science politique m'attirait, mais comme il y avait un cours obligatoire en statistique, j'hésitais à choisir ce bac… C'est pour cela que l'idée d'une majeure - mineure me plaisait… Alors j'ai opté pour la linguistique. Ça n'a pas tellement à voir, mais j'aime aussi tout ce qui touche la langue… Et ceci pour te dire que ce désir que j'avais à vingt ans me revient! Est-ce que tu crois que l'Assurance automobile accepterait de me payer des études en science politique?

- Je ne sais pas. Tu sais, si tu es jugée apte à reprendre ton travail, ils refuseraient probablement. Et si tu ne peux enseigner, serais-tu capable d'aller étudier? Il faut attendre encore, je crois.

- Toi, qu'est-ce que tu en penses?

- C'est une bonne idée, mais sais-tu ce que tu ferais avec ces études?

- Ce que je voulais faire alors, c'était du journalisme. Quand j'aurai retrouvé mes moyens, je pourrais, hein?

- Pourquoi pas? … Tu sais, quand je vais être parti la semaine prochaine, ce serait peut-être agréable pour toi d'aller voir Marie-Anne?

- Je ne la connais pas moi, cette fille-là! Pourquoi irais-je la voir?

- Marie-Anne travaille en psychologie. Elle est très gentille.

- Je n'ai pas besoin de psychologue, moi! Tu n'es pas psychologue, toi.

- Non, mais tu viens me voir pour parler, comme ça. Tu pourrais faire la même chose avec elle.

- Pourquoi?

- C'est agréable, non? de discuter avec une autre personne, de raconter n'importe quoi sur ce qui s'est passé dans la journée et, si on aime la personne, de lui poser des questions, de lui faire part de ses problèmes…?

- Je n'ai pas de problèmes.

- Non, mais tu peux échanger quand même…

- Bon, je vais y aller une fois. Je vais essayer pour te faire plaisir!

- Si tu veux, demain, je te la présente.

- D'accord, mais je trouve ça dommage que tu partes. Avec toi, il n'y a pas de problème.

- Moi aussi, je regrette. Mais je ne peux pas faire autrement. Je vais te téléphoner pour avoir de tes nouvelles, ça va?

- Oh, bien sûr! Tu veux mon numéro de téléphone?

- Je vais l'avoir dans ton dossier, mais si tu veux me le donner, ça ira plus vite.

- C'est 342-9990…

Aujourd'hui, je suis triste en le quittant…

En arrivant à l'étage, la secrétaire m'apprend que demain matin, l'ergothérapeute sera là à 9 heures pour me montrer à prendre mon bain…

Sur le coup, je ne dis rien, mais quand j'y pense, je ne sais vraiment pas ce qu'elle vient faire. Elle n'a pas envie de me faire sauter dans le bain toujours?

À l'heure prévue, la voilà qui se pointe à la sortie de l'ascenseur. Elle arrête au pupitre de la réceptionniste pour l'aviser de sa présence, puis elle se dirige vers moi. Elle tient dans sa main une de ces espèces de brosses munies d'un long manche dont les femmes bien se servent pour se laver le dos. Je ne peux pas croire que son cours consiste à me montrer comment me laver le dos avec ce machin!

Mine de rien, je la salue…

Nous entrons dans la chambre. Ma voisine n'y est pas.

- Tu es capable de te déshabiller?

- Oui, surtout que je n'ai pas grand-chose sur le dos. Il faut que je me lève pour enlever mon peignoir.

- … Viens, on va aller à la salle de bain, on aura plus d'espace là.

Comme les autres, elle ne pousse pas mon fauteuil roulant … Elle me suit …

- Depuis que je m'entraîne à m'habiller seule le matin, le premier problème, c'est toujours de me lever de mon fauteuil et de me tenir en équilibre pendant que j'enlève mon peignoir. Quand je vais réussir à me lever pour l'enlever, pourrais-tu mettre une serviette sur la chaise pour que je puisse me rasseoir dessus?

- Bon sens, tu en as appris des choses!

- Ben vois-tu, j'ai longtemps pensé que tu viendrais me montrer tout ça, mais à la longue, j'ai fini par l'apprendre toute seule. En fait, tu n'es venue que quelques fois… Je ne sais même pas si ça aurait donné quelque chose de plus si tu étais venue plus souvent… Je ne sais pas si c'est moi qui apprend mal ou toi qui ne me montre pas assez clairement …mais …

Je me mets alors à forcer sur le bras de mon fauteuil pour me mettre debout. Elle s'empresse de glisser une serviette sur la chaise …

- Tu peux l'enlever, ton déshabillé?

- Ça prend du temps, mais j'y arrive … Voilà, peux-tu le mettre sur la chaise?

- Oui, pendant que tu enlèves le reste, je vais faire couler l'eau…

« Faire couler l'eau »!!! Elle ne se rend pas compte! Elle n'y pense pas! Comment veut-elle que je rentre dans un bain rempli d'eau, nu-pieds, alors que je ne suis même pas capable de me lever debout nu-pieds sur la terre ferme! Ce n'est sûrement pas comme cela que je vais apprendre! Mais je ne gueule pas, je demande mine de rien :

- Comment vas-tu faire pour me faire entrer dans le bain?

- On va essayer…. Si on n'y arrive pas, je vais demander de l'aide…

Évidemment…

- Voilà, j'ai enlevé mes souliers…. Il ne reste que la robe de nuit… Et voilà!

- Bon, maintenant, on va approcher ton fauteuil du bain… voilà! Si tu passais tes jambes dans la baignoire, tu pourrais peut-être glisser sur le bord, ensuite je te tiendrais pendant que tu glisses dans le fond, tu veux essayer?

- J'ai peur, je vais tomber dans le fond!

- Mais non, je vais te tenir.

- Non! Trouve un autre moyen.

- Bon, on va demander l'aide du préposé… Vois-tu, s'il y avait une planche dans la baignoire, tu pourrais t'asseoir dessus, ce ne serait pas trop bas.

- Je ne veux pas prendre mon bain assise sur une planche.

Elle fait appeler le préposé. Il me prend sous les bras et sous les genoux et me descend dans le bain. Je commence à me savonner lorsqu'elle me tend la brosse pour me laver le dos.

- Tu sais t'en servir?

- Ben, ce n'est pas bien compliqué!

- Tu l'apporteras chez toi, ça pourrait t'être utile.

- Merci.

- Maintenant, tu veux essayer de sortir de là avec moi ou dois-je aller chercher le préposé?

- Comment veux-tu faire?

- Tu te tiens après la barre de soutien qui est au mur et tu essaies de te lever.

- Ça ne sert à rien d'essayer, je ne pourrai jamais bouger, tu le sais bien, cette maudite barre oblique! Si par miracle j'arrive à décoller du fond, je vais y retomber aussitôt parce que ma main va glisser sur la barre. Qui est-ce qui vous fait installer ces barres-là comme ça? C'est con! Sans compter que je n'arriverai jamais à me tenir debout nu-pieds et en plus, dans l'eau!

- Bon, je vais aller chercher le préposé.

Voilà pour le cours sur l'art de prendre un bain. J'ai appris à me laver le dos avec une brosse... quelle découverte! Comme si tout le monde pouvait se laver le dos avec ses mains!!!

Quelques mois plus tard, j'arriverai, par moi-même, à trouver les moyens de prendre un bain normal.

****

Cette semaine, le médecin arrive à la chambre avant moi :

- Ça fait longtemps que vous êtes là?

- Non, mais il est trois heures.

- Je m'excuse. Je parlais et je n'ai pas vu l'heure.

- Bon, ça va?

- Toujours pareil, Sophie est venue pour me montrer à prendre mon bain hier matin, mais ça n'a pas été différent des autres fois. Je n'ai rien appris de nouveau.

- Le lui as-tu dit?

Tiens, le voilà qui commence à me tutoyer! La petite crise que je lui ai faite l'autre jour a peut-être porté fruit. À un certain moment, j'en ai eu assez de le voir tous les jeudis à trois heures arriver, me saluer, me regarder, me re-saluer et repartir. Je n'ai pu m'empêcher d'élever le ton :

- Pourquoi venez-vous me voir toutes les semaines? Vous arrivez, vous me regardez et sans un mot, vous repartez. Dites quelque chose! N'importe quoi! Mais dites quelque chose!

Sur le coup, il a souri, m'a saluée et est parti… Mais depuis ce jour, il reste plus longtemps avec moi et me parle de choses et d'autres. Et voilà qu'il me tutoie!

- Non, je ne lui ai rien dit. Je l'aurais engueulée!

- Qu'est-ce que tu aurais aimé qu'elle fasse?

- Je ne sais pas moi ! D'ailleurs, quand je l'ai vue arriver avec sa brosse pour le dos, j'avais deviné que je n'apprendrais rien d'autre qu'à me laver le dos, c'est incroyable!

- Pourquoi?

- Parce qu'elle peut bien montrer ça à n'importe qui! Se laver le dos avec une brosse à long manche! Qui est capable de se laver le dos autrement?

- Bon! À part ça?

- Je suis allée chercher ma canne avec Liliane et elle a commencé à me faire marcher un peu.

- Comme ça, ça va mieux?

- Oui.

- Tu sais, ta jambe va revenir bien avant ton bras. Si tu apprenais à écrire de la main gauche, tu pourrais retourner enseigner.

- C'est vrai?

- Oui.

- Alors, je vais essayer.

- Tu m'en reparleras.

Ça y est, le vent a tourné! Il est devenu sympathique ce doc! Et il me voit retourner enseigner! J'avais bien raison de penser que je retournerais au collège. Je crois que je vais me remettre à dire que ça va bien. Depuis l'accident, quand quelqu'un me demande : « Comment ça va? », ça me choque. Comme si ce n'était pas évident que ça va mal! Mais là, je crois que ça commence à aller mieux! Je vais marcher et retourner enseigner debout sur mes deux jambes.

****

En arrivant à la maison vendredi, c'est la première nouvelle que j'annonce à Marie-hélène. Durant la fin de semaine, sans que je la voie, elle trouve une tablette minuscule dont elle ne se sert plus, elle y écrit une lettre au début de toutes les deux lignes. Le dimanche, elle m'apporte la tablette :

- Si tu veux que je te montre comment faire…

- Oh, c'est gentil! Viens, on va s'installer sur la table…

À côté de la première lettre, elle reprend doucement :

- On commence par un « e », c'est plus facile. Regarde, je vais en faire un pâle, pâle. Tu pourras passer par-dessus.

- Je ne sais pas si je vais y arriver… Donne quand même que j'essaie.

- Non, non, il ne faut pas tenir ton crayon comme ça… regarde!

- Ah oui, c'est difficile! Ma main n'est pas habituée. Bon... Mon Dieu, la tablette bouge ... je n'arrive pas à écrire!

- Attends, je vais la tenir.

- Oui, mais tu ne seras pas là pour la tenir à l'Institut.

- Non, mais il faut trouver un moyen... Tu demanderas... Quelqu'un pourrait t'aider?

- D'accord, en attendant, il faut que j'arrive à faire un « e »... Regarde s'il est laid!

- Il faut que tu en fasses beaucoup. Veux-tu essayer les chiffres?

- Il y en a qui seraient plus facile. Il faut choisir : 1... 4... 6... 7... 9. On pourrait commencer par ceux-là?

- Oui, c'est facile, regarde : je l'ai même s'il n'est pas très droit.

À la fin de ce premier cours, je n'ai réussi qu'à barbouiller le chiffre 1. Même pas une lettre qui ressemble à un « e ».

Lundi matin, en arrivant à l'Institut, je descends au sous-sol comme d'habitude, mais cette fois, j'ai avec moi ma petite tablette et un crayon. J'arrête au bureau de la secrétaire et lui demande si je peux profiter du bureau de Michèle pour pratiquer l'écriture puisqu'elle n'y est pas. Elle m'installe et me trouve des grandes feuilles puisque je ne peux arriver à écrire sur la petite tablette de Marie-hélène.

Je viendrai ici tous les matins, je devrais finir par réussir! Je prends donc ma grande feuille et je m'efforce de suivre le modèle des lettres de Marie-hélène. Elle a commencé par un « i ». Elle a raison, en y pensant bien, c'est la lettre la plus facile ... Et j'y arrive ! Je peux faire un « i » ! Quel début ! Quand on pense que ça fait deux semaines que j'essaie de faire une lettre lisible ! Le « e » ne doit pas être beaucoup plus difficile, essayons !... Je le fais moins beau, mais au moins on voit que c'est un « e » !

****

Aujourd'hui, en physiothérapie, Liliane réserve la moitié du traitement à mon initiation à la marche. Mais elle commence d'abord par traiter mon bras. Je ne peux pas dire que ça ne fait pas mal, mais c'est moins atroce que la dernière fois. Depuis que le dr Messali est venu à ma chambre me faire une injection de cortisone, il semble que la douleur soit moins prononcée. Il faudrait qu'enfin la physiothérapie vienne à bout de ce bras qui est demeuré jusqu'à maintenant intouchable sans que je hurle. Habituée à ma très grande sensibilité, elle y va tout doucement! C'est vraiment affreux, cette subluxation! La dernière fois, je lui ai demandé ce que c'était exactement :

- Quelle différence y a-t-il entre une luxation, une dislocation et une subluxation?

- Une luxation, c'est une dislocation. C'est le déplacement de l'articulation. Dans une subluxation, les articulations ne sont pas déboîtées, mais les muscles et les nerfs sont tordus, c'est ce qui fait tant souffrir. Je ne te traiterai pas longtemps à la fois tant que ce sera pénible pour toi.

- En parlant, elle continue ses manipulations et au bout d'un moment :

- Viens, on va entreprendre la marche maintenant. On va d'abord mettre l'orthèse.

- Tu vas m'aider, j'espère?

- Bien sûr, aujourd'hui, c'est moi qui vais te la mettre. On a besoin de tout notre temps pour te mettre debout et avancer…

Je suis assise sur le bord du lit. Elle prend mon pied droit et y glisse le soulier dans lequel se trouve l'orthèse. Elle attache les lacets de mes deux souliers. Avec son aide, je me lève :

- Maintenant, tu vas prendre la canne avec ta main gauche et je vais te tenir… Comme ça, ça va?

- Oui, mais ne me lâche pas, je vais tomber!

- Sois sans crainte, n'aie pas peur!

Là … debout… malhabile… je suis toute raide… mon côté spastique est tout énervé! Pas moyen de le calmer! J'ai si peur de tomber! Pourtant, il faut que j'y arrive!

- Je vais rester là, reprend Liliane, juste à côté de toi et je vais te tenir…

Je sais, c'est vrai! Elle est là! Je sais qu'elle dit vrai… mais si je fais mine de tomber, est-elle assez forte pour me tenir? M'empêcher de m'écraser à terre?

- Oui, mais tu es toute petite... Penses-tu que tu serais capable de m'empêcher de tomber?

- Ne t'inquiète pas! J'ai des trucs! Bon! Pour l'instant, écoute-moi bien! Tu vois, tu mets la canne devant toi, comme ça, tu avances le pied droit, ... là, vas-y...

La première chose difficile, c'est de lever la canne du plancher parce que, pendant cette seconde, ce quart de seconde, je ne suis appuyée que sur mes deux jambes... on pourrait dire sur ma seule jambe gauche parce que j'évite de mettre du poids sur la droite... je n'ai pas confiance.

- Un... deux... trois... voilà... pour la canne!

- Maintenant, avance ton pied droit ...

J'ai peine à le bouger... je finis par lui donner un semblant de mouvement:

-Comme ça?

- Oui, c'est beau! Prends ton temps... prépare-toi à avancer le pied gauche maintenant... Assure-toi que le droit et la canne sont en bonne position...

Je réussis à soulever mon pied gauche, celui qui est fonctionnel, mais étant donné que c'est le non-fonctionnel qui soutient mon corps pendant ce temps, je ne le laisse soulevé que l'espace d'un quart de seconde, juste le temps de l'avancer de deux centimètres peut-être...

- Bon, maintenant, tu avances la canne... puis... tu avances le pied droit.

Une fois mon pied gauche sur la terre ferme, je compte jusqu'à trois ... et j'avance la canne.

- Maintenant, la canne... là... le pied droit... place-le bien à terre.

- Tu crois qu'il n'y a pas de danger qu'il tourne?

- Non, l'orthèse le tient, il n'y a pas de danger!

Et je fais un mini-pas avec mon pied gauche...

- Continue...

- Attends, il faut que je reprenne mon souffle.

Elle attend et sourit... Elle sait que ce n'est pas l'essoufflement du coureur, mais celui de la panique qui fait retenir son souffle comme si on voulait faire une grande distance sans respirer.

- C'est vrai que c'est plus facile d'avancer mon petit pied...
- Pourquoi l'appelles-tu « ton petit pied »?
- Parce qu'il n'est pas capable de faire grand-chose. Quand il marchera, il sera grand comme l'autre. Là, il commence à marcher comme un bébé...
- C'est drôle de te voir : quand tu te concentres pour faire un pas, tu relèves ta lèvre supérieure sur ton nez. Ça t'aide à concentrer?
- Je ne sais pas.
- Ça n'a pas d'importance. Bon! Un autre pas?
- Oui... Il faut que mon pied droit soit mieux placé que ça.... Attends une minute!... Là, c'est mieux! Maintenant... un... deux... trois...

Et je réussis à mettre mon pied droit devant l'autre... un petit peu... Je continue :

- Le cinquième, c'est plus facile, mais mon petit pied n'avance pas beaucoup!
- Ça ne fait rien! Au moins, tu arrives à le placer un petit peu en avant...

Après quatre autres pas, on est rendu à la porte du cubicule, je suis fatiguée :

- Vois-tu Liliane, on est rendu à la porte! Qu'est-ce que je fais? Je sors ou je retourne?
- Ah, je crois que tu en as assez pour aujourd'hui!
- C'est vrai! L'heure du traitement est terminée. Ça m'a pris du temps pour faire ces petits pas ?
- C'est normal, tu sais! Tu ne vas pas te mettre à courir le marathon tout de suite quand même! Comment te sens-tu?
- Oh! Pleine d'espoir! C'est comme le début d'une nouvelle vie! Sauf que j'ai très peur chaque fois que j'avance le pied gauche. J'ai peur de tomber parce que je ne sais pas si mon pied droit va me tenir ... Mais aujourd'hui, c'est vraiment le printemps pour moi! Je sens qu'il me pousse des ailes!

****

Je pratique l'écriture de la main gauche depuis quelques semaines déjà. Quand le médecin arrive, je lui montre mes progrès :

- Regardez, ça commence à avoir l'air de lettres.

- Oui, c'est pas mal.

- Pensez-vous que je vais pouvoir retourner enseigner au mois d'août ?

- Je vais t'envoyer voir Joël cette semaine... Il va en discuter avec toi.

- Le psychologue ?

- Oui.

- Il ne m'a jamais rencontrée...

- Non, mais c'est lui qui fait passer les tests. Il faut passer par lui.

- D'accord.

- La secrétaire te dira quand tu auras rendez-vous.

- Merci.

- On en reparlera la semaine prochaine.

****

Ce soir, les gars (c'est ainsi que j'ai toujours appelé mes collègues de bureau) m'amènent manger au restaurant tel que prévu à l'occasion de leur si aimable visite. Ils tiennent vraiment à fêter la fin de la session comme d'habitude avec Jasmine et moi! Depuis dix ans qu'ils nous ont engagées, on est tous les six dans le même bureau. C'est très gentil de penser fêter comme d'habitude! Moi, ça me fait un semblant de retour au travail!

Dès 3h, en revenant de la physio, je me prépare donc pour ne pas les faire attendre. Tout attentionnée, l'infirmière vient m'aider à me changer et s'assurer que je ne manque de rien. Quand je suis prête, je roule dans le corridor et j'attends. Ça ne fait pas dix minutes que je suis là que l'ascenseur amène mes amis. Ils sont tous montés pour venir me chercher:

- C'est moi qui pousse le fauteuil de madame, dit Justin.

- Moi je vais demander à quelle heure elle doit rentrer, ajoute Jacques.

- On entend l'infirmière :
- Vous n'avez pas de limite… mais prenez bien soin d'elle!
- Merci beaucoup! Ne vous inquiétez pas. On prend soin d'elle depuis dix ans!

Ils n'ont pas perdu l'habitude de me taquiner! Je ne leur réponds que par un sourire et nous nous dirigeons vers l'ascenseur :
- Passez d'abord, dit Justin. Avec le fauteuil, ce sera plus facile d'entrer en dernier pour sortir les premiers.

Pas de problème pour sortir de l'Institut. En arrivant à côté de la camionnette :
- Tu es déjà sortie en voiture? demande Paul.
- Oui, deux fois, mais c'est facile : je m'assois sur le côté, puis je rentre mes jambes avant de me retourner…
- Bon, penses-tu être capable de mettre ton pied sur la marche de la camionnette… Si on te tient naturellement…!?
- Je crois bien… C'est haut, mais comme vous êtes derrière moi pour m'attraper si je tombe et me pousser si je n'arrive pas à monter, ça va aller.
- Alors je place ton fauteuil roulant comme ça, là. Est-ce assez près?
- Encore un peu… Là… Aide-moi à me lever s'il te plaît.
-Comme ça?
- Oui, merci. Bon, maintenant je vais me tenir après le toit et mettre mon pied gauche sur la marche. Oh, c'est trop haut! Peux-tu lever mon pied plus haut et le mettre sur la marche? … Là. … Maintenant, peux-tu prendre mon pied droit et le soulever pour le placer à côté de l'autre? … Ouf, ça y est!

À cette étape, l'un tirant, l'autre poussant, je me retrouve assise sur le siège, les pieds encore pendants en dehors de la camionnette. Et ça me prend bien un bon trois minutes avant de réussir à me mettre les fesses à la bonne place et à entrer ma jambe gauche… Tout le monde attend en silence…
- Voilà! Maintenant Justin, peux-tu m'aider à entrer mon pied droit? L'autre l'attend.
- Bien sûr … voilà!

Mes amis s'installent à mes côtés et nous partons.

- Où est-ce que vous m'amenez comme ça?

- Tu te souviens du restaurant où on fêtait ensemble?

- Sur Jean-Talon?

- Oui.

- Ne me dites pas qu'on va aller jusque-là ?

- Pourquoi pas?

- Ah, moi, ça ne me dérange pas! C'est très gentil à vous!

- Tu le sais bien : quand on fête, nous, il n'y a rien de trop beau!

On arrive au restaurant. Pas de problème pour descendre de la camionnette. Jacques reste à côté de moi et Justin est allé à l'arrière chercher le fauteuil roulant. Il arrive justement! Je suis traitée comme une reine! Toujours quelqu'un pour voir à tous mes désirs ou mes besoins.

- C'est vraiment agréable de vous retrouver tous! J'ai hâte de retourner au collège!

- Prends ton temps, Thérèse! dit Paul. Il n'y a rien qui presse! Tu sais, les étudiants... Profite de ton congé!

- Justement, je ne peux même pas en profiter! Je suis incapable de faire quoi que ce soit seule! C'est vachement plat!

- Oui, dit Antoine, mais là, tu as fait de gros progrès! Ça veut dire que tu vas continuer à t'améliorer! Alors un jour, tu vas pouvoir en profiter!

- En profiter pour faire quoi?

- Je ne sais pas, dit Justin, mais d'ici-là, tu trouveras bien!

- Vous savez pas quoi, les gars?... J'ai toujours aimé travailler...

- Ça, dit Jacques, on le sait!

- ... Mais j'ai découvert une chose : la vraie vie, c'est d'abord le travail! Évidemment, quand on fait quelque chose qu'on aime!

- Oui, dit Paul, il y a des boulots qui sont intéressants, mais qui ne paient pas!

- Tu ne viendras pas me dire que tu n'as jamais aimé enseigner!

- Ben non! Mais...

- Bon! Trêve de plaisanterie...

Nous jasons, mangeons, buvons sans voir le temps passer :

- Je suis désolée, les gars, mais … j'aurais besoin d'aller au petit coin…

- Qui amène la mère à la toilette?

Tous se regardent en souriant et se tournent vers Paul :

- Mais voyons Paul! Tu ne devrais même pas demander ça! Tu sais bien que c'est toi!

- Il semble que tu n'aies pas beaucoup le choix!?

- Non, c'est vrai! Viens! Je vais pousser ta chaise…

Et nous nous dirigeons vers la toilette… C'est une toute petite pièce où il n'y a qu'un petit lavabo sur le côté droit et le siège de toilette tout droit au fond.

- Ma foi, la chaise ne rentrera jamais là! dit Paul. La porte est bien trop étroite! Prépare-toi, la mère, il va falloir que tu te lèves! Je ne sais pas comment on va faire, mais il doit y avoir un moyen. Sais-tu ce que je dois faire?

- Oui, entre d'abord, puis place-toi là, de ce côté… Je vais me lever de ma chaise et me tenir à ton bras…

Évidemment, la pièce est très petite, c'est là le plus grand problème… Il me faut vraiment beaucoup d'espace pour bouger. Alors, quand en plus, quelqu'un doit être là pour assurer mes mouvements… surtout s'il est un peu potelé…

- Comme ça?

- Comme ça!… … Maintenant que je suis placée, peux-tu me détacher le pantalon?… Bon, attention, je baisse ma culotte! Il faut que tu restes là pendant que je m'assois… Bon, maintenant sors une minute…

Il sourit et se retire en fermant la porte derrière lui. Quand j'ai fini, j'arrive péniblement à me relever en appuyant ma main sur le siège et pendant que je suis encore là, debout contre le siège de toilette, j'essaie tant bien que mal de me culotter avant qu'il ne revienne :

- Ça y est! C'est mal fait! J'aimerais que tu la redresses et que tu m'aides à monter et à attacher mon pantalon!

- Voilà! Et voici mon bras! J'apprends vite, hein?

- Oui! Je vais t'engager!

La soirée est parfaite! Je suis heureuse! Ce n'est qu'après dix heures que je rentre à l'Institut accompagnée de mes acolytes! Seul Justin est chargé de venir me reconduire à l'étage où il me laisse entre les bonnes mains de France.

****

Depuis que la secrétaire m'a pris un rendez-vous avec le psychologue Joël, je l'ai revu trois fois pour passer un test. J'arrive à ma chambre après une dernière rencontre au cours de laquelle il m'a expliqué les résultats. Je repense à ce qu'il m'a dit... Sa première phrase a suffi à me rendre heureuse :

- Tu sais, Thérèse, je ne pourrais pas t'empêcher de retourner travailler... Mais je te demande d'attendre encore au moins un an...

- Pourquoi ?

- Parce que même si ton esprit fonctionne normalement, ce serait dangereux de retourner enseigner trop rapidement. C'est difficile enseigner.

- Je n'ai jamais trouvé ça difficile, mais si tu veux, j'attendrai... Ça ne me causera pas de problèmes avec la SAAQ ?

- Non, non ! Je leur envoie un rapport, c'est tout ce qu'ils veulent.

- Bon d'accord !

- Je voudrais te revoir au moins six mois avant que tu rentres au collège, il faudra alors que j'envoie un autre rapport à la SAAQ.

- D'accord !

- Je te contacterai. Bonne chance !

- Merci !

Je sors de là avec un sourire plein d'optimisme! Cette évaluation confirme ce que je n'ai jamais arrêté de penser : je n'ai rien perdu de mes facultés intellectuelles! C'est d'autant plus encourageant que beaucoup de gens autour de moi me donnent l'impression d'en douter ...

CHAPITRE 8

Juin 1981

La semaine dernière, Sophie, l'ergothérapeute, m'a proposé de faire du rotin. Elle m'a même demandé de penser au genre de pièce que j'aimerais monter. Comme je ne connais pas ce travail, j'ai choisi, parmi les choses qu'elle me proposait un cache-pot pour une de mes nombreuses plantes. « Ça au moins, ça va servir, me suis-je dit, même si je ne présume pas de mes talents! Au moins, ça va passer le temps! » Je lui ai alors posé la question :

- Pourquoi me fais-tu faire cette activité-là?

- C'est pour travailler ta dextérité, rendre ta main plus souple... Tu étais droitière, n'est-ce pas?

- Oui.

- Tu comprends, ta main gauche n'est pas tellement habituée à bouger. Alors, cet exercice va l'aider à devenir plus habile, vois-tu?

- Oui.

Aujourd'hui, quand j'arrive au local d'ergo, je la vois assise à une table près de la porte. Devant elle se trouve la base de travail dont elle m'a parlé vendredi, une sorte de support arborant des tiges. Ça a l'air que c'est aujourd'hui qu'on commence. Elle n'a pas perdu de temps.

- Allo, tu vois, je suis en train de préparer le support pour que tu puisses tresser le rotin. Viens t'installer ici, à côté de moi, je vais te montrer, tu veux?

Je roule et je m'installe à l'endroit indiqué :

- Tu crois que je vais être capable de faire ça?

- Oh oui, bien sûr! Je finis de placer les tiges et ensuite tu n'auras qu'à enfiler l'autre tige tout le tour. Je vais te montrer, tu vas voir.

En me parlant, elle continue son travail :

- Voilà, j'ai terminé!

Elle place le support devant moi :

- Bon, d'abord, je vais commencer par poser la tige pour qu'elle soit bien accrochée au support. Vois-tu, le support va devenir le fond de ton bol. Tout ce que je mets là et tout ce que tu vas ajouter, ça va rester. Est-ce qu'il est assez grand pour ta plante?

- Oh, c'est certain! J'ai des tas de plantes de toutes les grosseurs. Il va bien faire pour l'une d'elles.

- Qui s'occupe de tes plantes depuis l'accident?

- C'est surtout ma femme de ménage, mais elle ne vient qu'aux quinze jours.

- Tu es chanceuse.

- Je ne trouve pas que je suis chanceuse moi, avec ce qui m'arrive! Tu appelles ça de la chance toi?

- Non, je voulais dire que ce n'est pas tout le monde qui peut compter sur quelqu'un pour s'occuper de ses plantes.

- Ah, ça, c'est vrai! J'ai une femme de ménage très aimable. Elle est presque de la famille. Elle travaillait pour ma grand-mère avant de venir chez nous.

- Bon, on commence?

- D'accord.

- Tu vois, j'ai placé des tiges debout... toi, tu vas enfiler les tiges dans l'autre sens... Tu fais comme une tresse, tu commences ici, tu passes la tige entre celles qui sont là... Quand tu as fini le tour, tu recommences la même chose avec la suivante... et ainsi de suite... ça va? Tu comprends?

- Oui, je pense. Ça ne prend quand même pas la tête à Papineau.

- Bon, commence. Je vais t'observer un peu pour voir si ça va, puis je vais aller dans l'autre salle, j'ai du travail à y faire.

Je commence... c'est facile... Elle n'a pas de remarque à me faire, alors elle me quitte :

- Quand il sera 11h30, tu pourras partir en laissant tout ça là. Je passerai le ranger.

- D'accord.

Et voilà mon sort décidé pour un bon bout de temps. Avant que je finisse ce cache-pot, il va y en avoir des séances...

96

****

J'arrive toujours le lundi matin, c'est un privilège. Heureusement pour moi, Vincent travaille le dimanche soir. Il a obtenu la permission de m'amener seulement le lundi matin. Je ne me lève donc que quatre fois à l'Institut. Ce mardi, on a décidé de commencer à me mettre un suppositoire deux fois par semaine pour réactiver mes intestins. En ce moment, je ne vais à la selle que la fin de semaine. Ce matin, quand je me suis levée, France est venue comme d'habitude m'aider à enfiler mon déshabillé. Mais aujourd'hui, elle a commencé par me mettre un suppositoire, avant d'aller déjeuner... comme ça! On te met un suppositoire pour activer on sait quoi et on t'envoie à la cafétéria, en bas. Ça n'a pas l'air de poser de problème. On n'en parle même pas! Je me dit : « S'il fallait que ça me prenne avant la fin du repas... » Mais évidemment, je ne dis rien. Heureusement, je n'ai rien senti tout au long du repas... Malgré tout, une fois remontée, j'enligne la porte de la salle de toilette parce que j'ai toujours peur d'avoir des surprises. J'entre dans la salle de bain. À gauche, la baignoire. À droite, la toilette avec un poteau devant du côté gauche. Il va du plancher et monte jusqu'au plafond. C'est la barre de soutien après laquelle on s'accroche pour passer du fauteuil roulant au siège de toilette. Ça fait partie du système prévu pour les handicapés ... moi qui ai toujours refusé cette appellation! Même mon médecin ne l'a jamais dit une deuxième fois! Je lui ai expliqué :

- Un handicapé, c'est quelqu'un à qui il manque quelque chose... moi, il ne me manque rien. Oui, d'accord, j'ai eu un accident, je ne peux plus marcher, mais ça va revenir. Le vrai mot pour rendre compte de ma situation, c'est « éclopée », je suis une éclopée.

- Bon, si tu le dis.

Plus tard, j'ai cherché dans le dictionnaire pour être sûre que j'avais raison. À « handicapé », on n'explique pas grand-chose. À part le handicap de l'épreuve sportive qui compense l'inégalité des chances, on dit simplement que c'est « une infériorité qu'on doit supporter ». Est-ce possible d'être fataliste à ce point! Je ne supporte pas et ne supporterai jamais de vivre à moitié, moi! Al-

97

lons voir « éclopé » : « qui marche péniblement en raison d'un accident ou d'une blessure ». Voilà qui me décrit bien! J'avais donc raison!

En attendant de m'en sortir, il faut bien que je me serve des machins pour handicapés!

La salle de toilette est assez grande pour qu'un fauteuil roulant puisse s'y retourner sur lui-même. J'avance donc mon fauteuil le plus près possible pour n'avoir pas à faire de pas pour agripper la barre. Je mets les freins et me lève. J'empoigne le poteau et me tourne sur moi-même pour arriver à me placer vis-à-vis le siège. La fesse ne me fait plus mal maintenant, je peux faire comme tout le monde. Quand j'ai terminé, je sonne la cloche et Sandra, l'infirmière, apparaît : c'est elle qui m'aide à m'essuyer et à me relever.

****

Ça ne faisait que deux semaines que j'étais arrivée lorsque Françoise a pris la place de ma voisine de chambre, cette dame amputée qui se plaignait de tout. Françoise, elle, est demeurée quadriplégique à la suite d'un accident de voiture, il y a une dizaine d'années. Elle demeure chez sa mère qui s'occupe de tout. Après son accident, elle est venue à l'Institut, mais ça n'a rien changé. Cette fois-ci, elle a accepté de venir pour décharger un peu sa mère. On veut essayer de lui faire acquérir de l'autonomie.

Françoise ne parle pas beaucoup… Tout occupée que je suis de moi-même et de mes nombreuses activités, je la laisse là, toute seule, elle qui n'a pas de visite. Je ne la vois que le matin. Quand je reviens de mes traitements l'après-midi, il y a presque toujours un ami, un parent qui m'attend. Elle, je ne la vois plus qu'à l'heure du coucher. Je ne me pose même pas de question…

Le matin, l'infirmière ou la préposée vient la laver, l'habiller, l'installer dans son fauteuil roulant électrique… On venait lui donner ses repas à l'étage jusqu'à tout récemment alors qu'on a décidé de l'équiper pour qu'elle arrive à manger seule. Avec une mince possibilité de remuer quelque membre que ce soit, affublée d'une cuillère attachée à la main, elle doit essayer de

98

bouger son bras de telle sorte que la nourriture se retrouve dans la cuillère et, ensuite, se rende à sa bouche. Je ne sais comment elle peut y arriver, mais on l'a fait descendre à la cafétéria organisée de la sorte! Je ne sais pas non plus si c'est la raison pour laquelle elle a demandé de partir... En effet, elle n'était pas très contente qu'on l'envoie manger avec les autres, elle ne doit pas se sentir prête...J'ignore ce qui va lui arriver maintenant, mais je trouve ça dégueulasse d'avoir à exister ainsi! Rien! Elle ne peut rien faire! Ce n'est pas une vie, ça! Ce n'est même pas une existence!

Oh, elle arrive à jouer au Bingo, mais j'ignore comment. Un soir, je me retrouve sans visite. En remontant à ma chambre après souper, je la vois qui s'apprête à descendre :

- Où vas-tu comme ça?

- Jouer au Bingo. Tu n'as pas de visite? Ça te tente de venir?

- Ah, pourquoi pas! Je n'aime pas ça plus qu'il ne faut, mais c'est une occasion de passer quelques instants avec toi puisque tu t'en vas bientôt! Allons-y! Tu m'amènes? Je ne sais même pas où c'est.

- Viens, c'est en bas.

On arrive dans une salle que je ne connais pas. Une dizaine de personnes sont là. On distribue les cartes et le meneur de jeu commence :

- B 6!

Il attend suffisamment de temps pour que tout ce beau monde ait le temps de placer son jeton...

C'est la seule soirée que j'ai passée avec Francine... Je ne sais pas si j'aurais pu faire quelque chose pour elle... Elle est partie comme elle est venue : sans dire un mot, se laissant trimballer selon la volonté de tout un chacun, endurant son sort sans jamais savoir quel sera son lendemain... et ne se plaignant jamais.

Quand Françoise est partie, on a permis à Nancy, une hémiplégique comme moi, de venir loger avec moi. Sa chambre était en face de la mienne. Elle avait une compagne qui a eu la colonne vertébrale sectionnée et qui est arrivée à se remettre sur ses deux jambes! C'est remarquable et exceptionnel! Cette femme, c'est l'épouse du cuisinier Bernard. Un beau matin, je l'ai vue arriver sur une civière. On l'a installée dans la chambre avec Nancy. Je ne l'ai plus revue durant quelque temps, puis tout à coup, je l'ai vue debout sur ses deux jambes à la cafétéria.

Je n'y comprends rien! Oh, bien sûr, elle a un bon moral! Et de plus, elle est bien entourée : tous les jours, son mari vient la voir et s'occupe d'elle attentivement! En un mois, elle a progressé plus vite que moi en plus de quatre! Si ça continue, elle sortira d'ici avant moi et en meilleure forme! Je ne sais pas si on peut attribuer sa récupération si rapide à la seule considération de son époux, mais si l'on examine l'état presque stagnant des autres femmes qui m'entourent, on pourrait facilement le croire. Elles sont toutes là, seules, l'air passif et sans espoir. Il n'y a que Nancy qui a l'air un peu poussée par la vie. Elle au moins semble pressée de s'en sortir! Eh bien, elle a une fille en bas âge qui l'attend à la maison. Sans mari, comme toutes les autres, elle doit s'en sortir pour assurer la vie et le bien-être de sa môme! On dirait qu'il y a une règle générale : quand une femme reçoit un coup dur, son homme la laisse tomber. Il ne peut vivre avec une handicapée. Quand un homme, lui, se retrouve en fauteuil roulant, il est bien misérable! On lit sur son visage: « Pauvre de moi, j'fais donc pitié! » Sa femme, elle, reste là pour en prendre soin, le dorloter, ce pauvre. Heureusement, il y a des exceptions. Des gars comme Émile, et il y en a quelques-uns! Ils ne dépriment pas et font ce qu'il faut pour arriver à s'en sortir.

Pour en revenir à Nancy, c'est à cause d'une maladie, je ne me souviens plus laquelle, qu'elle s'est retrouvée hémiplégique. Elle fait de gros progrès. Bientôt, elle pourra retourner vivre avec sa fille, mais la vie n'est pas bien drôle pour elle ... dans un univers aussi restreint! Je ne sais pas comment elle va faire pour s'en sortir. Déjà, elle dépend du bien-être social, mais elle veut gagner sa vie honnêtement. Je me demande si elle ne pourrait pas suivre des cours… Je lui donne mon numéro de téléphone… Si jamais je pouvais l'aider…

Depuis quelques jours, un nouveau jeune patient est arrivé. Je ne l'aurais même pas remarqué, mais Carl est spécial. Très ouvert, du moins il le semble. Il parle à tout le monde. Ce matin, comme je descends avec lui à la cafétéria:

100

- Qu'est-ce qui t'a amenée ici, toi? me demande-t-il.

- Un accident d'auto : fracture du crâne ouverte, coma, paralysie à droite. Et toi?

- Ohhh... tu connais le Rockill? La maison sur Côte-des-Neiges? Eh bien, je me suis jeté en bas... Oui... J'ai essayé de me tuer. J'ai manqué mon coup!

- C'est pas vrai!?

Nous entrons à la cafétéria... Il continue :

- Oui, oui...

- Comment te sens-tu?

- Comme un gars qui a manqué son coup!

- Pourquoi as-tu fait ça? Tu n'aimes pas la vie? Évidemment, ce n'est pas une question à poser...

- J'sais pas, ils disent que je suis maniaco-dépressif.

- Tu demeures chez tes parents?

- Non, j'avais commencé à travailler et j'ai loué un appartement au Rockill. Mais quand je vais sortir d'ici, j'ai l'impression que mes parents vont me reprendre à la maison...

- Tu as l'air pas si pire. Qu'est-ce que tu as au juste?

- Regarde.

Il lève sa chemise. Il a le corps entouré de ce qui ressemble à un large bandage...

- Je me suis fêlé deux vertèbres... Et je souffre d'incontinence.

- Ça fait mal, ton dos?

- Plus maintenant. Ils me donnent des médicaments.

Ainsi, à partir de ce moment, je mange presque toujours avec Carl si ma visite n'est pas arrivée à l'heure du repas.

Il est agréable ce jeune homme. Incroyable ce que la dépression peut faire! Je ne comprends pas! Si jeune! Comment vouloir mourir? À le regarder, on ne croirait pas... C'est vrai que je ne le connais pas... Pourtant, il a l'air de ne manquer de rien... Il a ses parents... et ils semblent à l'aise... Évidemment, l'argent ne fait pas le bonheur... mais ça peut aider quand même... pour étudier... trouver quelque chose qu'on aimerait faire et prendre les moyens pour y arriver. Toutes ces pensées trottent dans ma tête pendant que je suis avec lui et elles continuent de me hanter jusqu'à ce que je m'endorme…

****

Cet après-midi, c'était la discussion de cas, celle qu'on fait à la veille du départ d'un patient. La semaine dernière, j'ai rencontré le médecin en bas, par hasard :

- Vous savez, l'été s'en vient et ma fille sera en vacances bientôt. Quand pensez-vous que je vais pouvoir sortir d'ici? J'aimerais être avec elle…

- Tu sais, tu n'es pas en prison ici! C'est toi qui décides quand tu veux partir.

- Voyez-vous, Liliane part en vacances le 9 juillet. Je crois que je pourrais faire garder Marie-hélène chez son amie jusque-là. Je pourrais partir moi aussi le 9 juillet?

- On va faire une discussion de cas.

- Pourquoi?

- Pour voir ce qu'il te faut pour partir.

- Ah oui?

En souriant, il me demande

- J'espère que tu viendras cette fois-là!?

- Si vous voulez.

- Bien sûr que je veux.

Alors je sors de la fameuse discussion de cas! On devrait dire l'échange entre le médecin et l'ergothérapeute. Les autres? Ce sont des observateurs.

Une fois que tout le monde est là, autour de la table, le médecin prend la parole :

- Bonjour, vous savez que madame Belzile va nous quitter bientôt. C'est le temps de penser à adapter son milieu…

Il s'adresse à Sophie :

- Vous devrez d'abord vous rendre à son domicile, évaluer ce qu'il faut adapter.

- Elle demeure au deuxième étage, répond Sophie. C'est sûrement la première chose qu'il faut régler. Elle est incapable de monter et descendre l'escalier... Il faudra prévoir un ascenseur, enfin, un monte-charge quelconque... est-ce possible?

- Rien n'est impossible, mais est-ce qu'on a essayé de lui faire monter un escalier, dit-il en se tournant vers Liliane.

- Non, elle commence à peine à marcher...

- Il faudrait peut-être essayer. Qu'en pensez-vous? dit-il en se tournant vers moi.

- Je ne sais pas...

- Bon, pour l'instant, on ne peut pas aller plus loin à ce sujet tant qu'on n'aura pas essayé.

Il reprend à l'adresse de Sophie :

- Vous irez quand même voir le reste le plus tôt possible. Que prévoyez-vous?

- Dans la cuisine, il faut trouver de la place pour mettre la vaisselle et les chaudrons à sa portée; il faut regarder s'il y a assez d'espace pour le fauteuil... Pour ce qui est de préparer les repas, j'ai commencé à lui faire couper des légumes et à préparer un plat, mais il y a encore du travail à faire.

- Bon, vous avez encore quelques semaines pour lui montrer... Vous ferez mettre ce qu'il faut dans sa salle de bain?

- Elle ne veut pas de planche dans la baignoire et on n'a pas encore réussi à la faire entrer et sortir du bain. Alors...

- Réglez ça le plus vite possible!

- ......

- À part ça?

- Je verrai sur place.

- Voilà! Y a-t-il autre chose?

Comme il n'a pas de réponse, il se lève :

- Madame Belzile nous quitte le 9 juillet, c'est-à-dire dans moins d'un mois. Il faut que tout soit réglé avant cette date.

- Et il sort. Tout le monde l'imite, moi aussi.

C'est excitant! ... et paniquant! C'est la première fois que je me sens remise en situation. C'est bien vrai! C'est bien moi qui vais rentrer chez moi pour de bon! Il y a si longtemps que mon existence est gérée par les autres ... On me rend mon autonomie! Vais-je savoir quoi faire avec? Je me rends compte, vraiment concrètement aujourd'hui, qu'il me faudra trouver une personne qui non seulement m'aidera, mais fera tout à ma place! Où trouver cette personne? On va sûrement m'aider…

****

Quand Lucie arrive avec Louise ce même soir, elle a les bras chargés de glaïeuls et de lilas! Tous les ans, à cette époque-ci, elle garnit les maisons de ses parents et amis avec les nombreuses fleurs qui poussent dans son jardin. Le bord de la fenêtre va amener un peu de gaieté dans la chambre. Avec l'azalée qui s'y trouve déjà, ça enjolive vraiment le décor.

Je raconte à mes sœurs ce qui s'est passé aujourd'hui :

- J'espère … que je vais réussir… à monter et à descendre l'escalier… à entrer dans le bain… et à en sortir… sans planche…

- Quel contrat ! dit Louise.

- Ça fait bien des choses… et si l'ergo ne veut pas me le montrer …

- Pourquoi elle ne voudrait pas te le montrer ?

- Ben … parce que … elle veut que je prenne mon bain sur une planche … et je n'arrive même pas à me rendre sur cette maudite planche ! À part ça, si jamais je me rends sur sa planche, pourquoi ne pourrais-je pas me rendre dans le fond du bain ?

- As-tu l'impression qu'elle ne trouvera pas d'autres moyens ?

- C'est bien ça, je crois qu'elle n'en cherche même pas !

- En as-tu parlé au médecin ?

- Pas vraiment ! … Je pense qu'il ne peut rien faire, elle lui répondrait que je ne veux rien faire … En tout cas, Liliane, elle, va me mettre dans l'escalier … ça va être beau !

- Au moins, tu sais que tu peux avoir confiance en elle !

- Ah oui, ça c'est vrai !

- Comment vas-tu t'organiser chez vous? demande Lucie.

- Je ne sais pas. Le médecin va demander un rendez-vous pour moi à la travailleuse sociale. Elle doit me montrer comment trouver quelqu'un pour m'aider…

- Ah oui ? C'est bien, ça! Parce qu'il faut penser que tu ne pourras pas tout faire seule!

104

- Non, c'est sûr! Je pense même que je ne peux rien faire!

- Il te faudrait une domestique qui demeure chez toi, ajoute Lucie.

- Imagine ... comment trouver quelqu'un qui ait un peu d'allure?

- T'as raison. C'est très difficile de trouver quelqu'un qui a du bon sens !

- Et ça va coûter cher, ça! Qui va payer?

- ....

Pour ce soir, la conversation se limite à ces questions terre à terre.

****

Je me sens mieux, plus légère, presque en forme! Bientôt, dans quelques semaines, je vais rentrer chez moi pour de bon! Bientôt, ce sera l'été! Mes vacances, cette année, c'est d'être libérée de l'Institut, d'être avec Marie-hélène! Mais comment y arriverai-je? Quelle sorte d'aide va-t-on me trouver?

En attendant, aujourd'hui, il fait beau. C'est une belle soirée chaude. Et je suis encore seule, ce soir! Beaucoup de patients vont sur le grand balcon qui se trouve au bout du corridor. J'ai bien envie d'aller y faire un tour..... J'y roule...

- Allo!

- Allo, tiens, tu t'es décidée à venir? demande Émile.

- Il fait si beau!

Robert, un homme qui a à peu près mon âge, est équipé d'un baladeur. Je trouve l'idée géniale!

- Je devrais me faire acheter un truc comme ça. C'est intéressant de pouvoir écouter de la musique, hein?

- Oui, et tu n'es pas obligé de faire la conversation... Tu veux essayer?

- Ça serait gentil, peut-être, je pourrais en avoir un.... Malgré qu'il soit un peu tard pour y penser, je m'en vais le 9 juillet... Ça ne fait rien... tu me laisses écouter?

- Tiens...

- ... Là... Oh, c'est du Beethoven ... ...Ça fait du bien d'entendre ça... Tiens je vais te le rendre sinon je vais vouloir partir avec...

- Tu peux l'écouter un peu...

- Merci.

Quelques instants plus tard, je lui rends son appareil et je rentre ...

... Je me réveille soudainement dans mon lit, le médecin à mes côtés qui dit :

- Tiens, elle se réveille?

- Que m'est-il arrivé?

- Vous avez fait une crise d'épilepsie... Je vous ai donné une injection. J'espère que ça va aller. Je peux partir maintenant? Je vous laisse aux bons soins de Marie, ça va?

- Oui.

- J'espère que vous allez me laisser dormir... À bientôt!

- Bonne nuit!

Quand il est parti, Marie vient vérifier si je n'ai besoin de rien. Elle me souhaite une bonne nuit et quitte la chambre doucement.

Ce n'est que le lendemain après-midi, à son arrivée, que Marie me raconte :

- Tu revenais du balcon, tu passais là, devant le bureau où j'étais assise... et tu as fait une crise... tu es presque tombée de ta chaise... je suis arrivée tout juste à temps pour te retenir... Oh! Tu m'as fait assez peur Thérèse!

- Comment se fait-il que j'aie fait ça?

- Ce sont des choses qui peuvent arriver aux traumatisés crâniens. T'inquiète pas! Ce n'est pas grave. On va t'envoyer voir ton neurochirurgien, il va t'expliquer. En attendant, tu auras à prendre des médicaments qui contrôlent les crises. Alors tu n'as pas à t'en faire.

- J'espère... Quand est-ce que je vais voir le neurochirurgien?

- J'ne sais pas! Manon te le dira demain, quand elle aura pris un rendez-vous.

****

La semaine suivante, je suis amenée à l'Hôtel-Dieu pour passer un électro-encéphalogramme. Je dois passer cet examen avant de voir le médecin. C'est un technicien qui m'installe sur un lit dans une petite chambre où il y a des appareils électriques. Il place ses machines et en sort des fils terminés par des aiguilles. Il s'approche de moi et m'explique :

- Pour faire la radiographie, je dois placer des aiguilles à différents endroits de votre tête. Pour cela, je vais enduire de graisse les endroits où je dois introduire les aiguilles. Puis, je vais vous demander de respirer et d'ouvrir et fermer les yeux. Vous êtes capables de suivre mes instructions?

- Oui.

Alors il commence :

- Respirez profondément par le nez…. Retenez votre respiration… Expirez par la bouche… … Ouvrez les yeux… fermez les yeux…

Ce petit manège est repris et repris, je ne sais combien de fois, … j'ai l'impression qu'il ne finira jamais. Pourtant, il arrive à sa fin. Maintenant, il faut attendre une semaine avant que le médecin reçoive les résultats.

La semaine suivante, je rencontre enfin le neurochirurgien à l'Hôtel-Dieu :

- J'ai reçu les résultats de l'électroencéphalogramme. Il y a une zone à foyer épileptique… c'est normal après l'accident que vous avez eu. Il faudra prendre du Dilantin. Pour le moment, ça va?

- Oui.

- Je vous donne également un comprimé de Phenobarbital, c'est une dose de bébé. Si tout va bien, revenez me voir dans six mois. S'il y a quelque chose avant, téléphonez-moi.

- D'accord.

- Au revoir.

- Au revoir.

Et voilà, c'est tout. J'avais bien besoin de ça!

On ne m'avait pas dit ça, moi, que je pouvais faire des crises d'épilepsie! J'ai l'air fin là! Qu'est-ce que je vais faire avec ça?... Ah, aussi bien ne plus y penser! J'ai bien vécu huit mois sans en faire! Si je prends ces médicaments, je n'en ferai sûrement plus. De toute façon, je n'ai pas envie de ruminer ça toute la fin de semaine... Pourtant, ça m'achale vraiment. J'ai une amie épileptique qui semble n'avoir jamais eu de véritable problème, mais je crois qu'elle n'en parle pas. Il y a toutes sortes de restrictions. Sans compter l'inquiétude de faire une crise à tout moment ! Je pense à mon retour en classe.... Ça me fait vraiment peur !

****

Lundi, Liliane m'amène dans l'escalier. Je ne sais même pas où il est. Je découvre que c'est derrière la porte devant laquelle on passe tous les jours pour se rendre aux traitements. Comme dans les immeubles, il est grand, avec un nombre infini de grosses marches.

On arrive au bas de l'escalier, je me sens toute petite et rien qu'à voir sa hauteur, il me passe des frissons... Comment vais-je y arriver? Liliane place mon fauteuil vis-à-vis la marche du bas, mets les freins :

- Tu peux te lever debout et prendre l'appui-main?

- Je vais essayer...

Je me mets à forcer après mon bras de chaise... et je finis par me redresser... et attraper la rampe...

- Bon, voilà, j'y suis.

Elle enlève le fauteuil :

- Maintenant, place tes pieds bien droits... Lève ton pied gauche pour le mettre sur la marche... Tu dois toujours commencer par le pied gauche... N'aie pas peur, je reste là, à côté de toi.

- Mon pied droit va-t-il pouvoir me tenir pendant que je lève le gauche?

- Bien sûr, allons, n'aie pas peur!

- ... Mais pourquoi je dois commencer par le pied gauche?

- Parce que tu n'arriverais pas à lever ton pied droit pour le mettre sur la marche. Quand le gauche y sera rendu, tu devrais

pouvoir tirer assez sur le droit pour qu'il se rende à côté… -
Bon, maintenant, vas-y avec le gauche… Voilà … là, lève le droit
… il faut qu'il arrive sur la marche.

Péniblement, il finit par y arriver.

- Ouf, ça y est!

- Reprends ton souffle… Quand tu seras prête, recommence!

- C'est haut hein?

- Ne regarde pas ça, une marche à la fois!

- D'acc…

Et je monte une autre marche… … et une autre … Au
bout d'un bon moment, me voilà rendu au premier palier.

- Es-tu fatiguée?

- Non, ça va, mais c'est énervant!

- Alors, tu es bonne pour descendre?

Juste comme elle dit ça, la porte s'ouvre… C'est Danielle,
les mains pleines de lilas :

- Allo! dit-elle. On m'a dit que vous étiez dans l'escalier,
mais je ne pensais jamais te trouver tout en haut.

- C'est du sport, hein?

- Tu vas assister au spectacle de la descente, lui annonce
Liliane.

- Je ne serai jamais capable, leur dis-je toute tremblante. Ça
me rappelle quand je suis tombée l'année dernière chez Lucie!

- Tu ne m'avais pas conté ça ? dit Danielle.

- Non, c'est vrai, je n'en ai pas parlé à personne! Si tu
m'avais vue! J'étais en haut de l'escalier du sous-sol. Tout le
monde était rendu en bas. On fêtait l'anniversaire de papa. J'ai
levé le pied sans y penser pour enjamber le petit rebord de la première marche… mais… je n'ai pas dû lever assez, j'ai accroché le
bord… et me voilà partie… je plante ! La tête la première dans
l'escalier! Tout ce que j'ai le temps de voir, c'est ma petite maman
en bas qui m'attend les bras ouverts. J'ai le temps d'avoir une
double peur : « Je vais l'écraser si elle reste là! » Je ne sais comment, mais j'ai pu l'éviter… et je ne me souviens même pas du
mal! Pour moi, j'ai eu bien plus de peur que de mal… Mais ça ne
fait rien, aujourd'hui, quand je me vois en haut de l'escalier, je ne

peux même pas regarder en bas… J'ai l'impression de refaire la même plongée…

- Alors, me dit Liliane, courage! Pose d'abord ton pied droit, c'est important. Si tu descends l'autre, là, c'est dangereux que tu plantes!

- Ça commence bien! Comme si je n'avais pas assez peur sans ça!

Elle ne se rend pas compte de ce qu'elle me dit là! J'empoigne la rampe d'une façon excessive comme si le fait de la tenir si fort pouvait assurer mes pieds de ne pas tomber… Je me sens si fragile… J'ignore encore, à ce moment-ci, que j'ai perdu l'équilibre et que, à cause de ça, je me sens toujours prête à tomber. Heureusement qu'on ne me l'a pas dit, car j'ai l'impression que je n'aurais jamais osé mettre un pied devant l'autre… même sur un plancher plat !

- Bon, fais attention … je suis là, il n'y a pas de problème!

J'avance près de la marche, … J'agrippe bien la rampe de ma main gauche… je soulève mon pied droit pour le placer dans le vide…

- Ah non, je ne peux pas !

Je replace aussitôt mon pied à côté de l'autre.

- Je n'y arrive pas…

- Veux-tu que j'aille chercher Simon? Il va se mettre devant toi : si tu tombes, tu vas lui tomber dans les bras…

- On peut bien essayer…

Elle va le chercher. C'est un préposé qui travaille en physiothérapie. Lui et son collègue aident les physiothérapeutes à déménager les patients qui sont incapables, ou presque, de bouger…Voilà Simon qui apparaît en bas de l'escalier:

- Allo, Thérèse! Tu peux y aller, je suis là!

- Une minute, commence par venir te placer devant moi, là, dans l'escalier.

- Madame sait ce qu'elle veut, hein? dit Liliane.

- Et… pas le dos à moi! Si je tombe, je vais te tomber sur le dos et tu ne seras pas capable de me retenir… Il faut que tu te mettes à reculons. Comme ça, si je manque mon coup, je te tombe dans les bras.

Pendant ce temps, Danielle, toute silencieuse, la main crispée sur son bouquet, se mord les lèvres et a les yeux fixés sur moi. Liliane enchaîne :

- Bon, il est placé, vas-y!

- Pas si vite! Il faut que je me conditionne… Ah, c'est trop dur!

- Tu veux retourner chez toi? Aller enseigner? Il faut que tu y arrives! Tu devras descendre l'escalier tous les matins. Allons, regarde : je te tiens le bras droit.

- C'est vrai, il faut que j'y arrive! Allons Belzile! Un… deux… trois… go!

Je prends une grande respiration… j'avance le pied droit… le descends… et enfin le pose sur la marche… Aussitôt qu'il est bien installé, le gauche s'empresse de venir le rejoindre.

- C'est beau! dit Liliane. Tu en descends une autre?

- Oui... une minute…

Et c'est ainsi que pour la première fois depuis huit mois, j'arrive enfin à monter et à descendre quelques marches. Quand j'arrive en bas, le traitement finit là. Liliane me laisse partir avec Danielle en me convoquant au même endroit pour le traitement du lendemain.

- Tu ne peux pas imaginer comme j'ai eu peur! me dit Danielle en sortant de la cage d'escalier.

- Et moi donc !

Mais, dans mon for intérieur, je suis ravie d'être enfin parvenue à grimper et à descendre cet escalier qui me faisait si peur. Est-ce possible ? Je vais bientôt arriver à rentrer et à sortir de chez moi comme tout le monde !

Quelques années plus tard, quand le physiatre me demandera comment je me trouvais par rapport aux autres, je n'hésiterai pas à lui dire que je me considérais être la moins pire! J'avais donc raison de penser que je retournerais travailler au collège comme avant. C'est extraordinaire, la vraie vie !

Ainsi, je passe une petite soirée calme avec mon amie qui m'invite à aller passer quelque temps chez elle, à Sainte-Agathe, à ma sortie de l'IRM.

Dans peu de temps, je rentre chez moi. Marie-hélène a terminé l'école. Dimanche, Vincent est allé la reconduire chez mon amie Nadine qui était ma voisine quand j'ai accouché. Elle venait alors d'avoir sa deuxième fille. Nous avons donc promené nos bébés ensemble et elles sont encore amies.

Je suis certaine que Marie-hélène sera bien durant cette première semaine de vacances, d'autant plus que Nadine est une mère exceptionnelle. Comme la famille s'en va ensuite au bord de la mer, j'ai proposé à ma fille d'aller m'attendre chez Danielle où je dois aller en sortant de l'IRM. Je ne sais pas si la perspective de se retrouver avec ses deux jeunes cousines qui n'ont qu'un an et deux ans lui plaît vraiment, mais j'aime quand même mieux la voir là qu'à la maison avec une gardienne! D'ailleurs, je n'en connais pas de gardienne! Je ne l'ai jamais laissée en dehors de la garderie. Il m'est bien arrivé une fois de me trouver mal prise : alors j'ai demandé à la monitrice de la garderie de venir chez moi. Le reste du temps, quand nous sortions chez des amis, je l'amenais dans son sac de couchage. Elle dormait à mes pieds. Ça ne dérangeait personne. Ou alors, j'allais la conduire chez une de ses amies. Chez Danielle, elle sera au bord du lac, elle qui aime tellement l'eau ! J'espère qu'elle ne trouvera pas le temps trop long ...

****

Pour l'instant, ce qui presse le plus avant de quitter l'IRM, c'est de trouver quelqu'un pour s'occuper de la maison et surtout des repas. Je désire que cette personne loge chez moi, au moins pour un bout de temps… le temps que je voie comment ça fonctionne.

J'aimerais trouver une personne aimable, bonne avec les enfants, qui tienne la maison propre et en ordre, qui soit une cuisinière passable… l'idéal quoi ! Mais je n'ose espérer… Jusqu'à maintenant, je me sens comme l'invitée chez moi, car Louise est là à tout faire, les fins de semaine, cela m'énerve un peu. J'aimerais arriver à tenir maison moi-même, mais je sais que j'en suis incapable pour l'instant. Pourtant, si je n'essaie pas, je ne redeviendrai jamais autonome ! J'aurais tellement le goût de me retrouver toute seule dans mes affaires. J'ai l'impression que ce serait la seule façon pour moi de sentir si je suis capable de me débrouiller…

La fin de semaine dernière, après le souper du vendredi soir, comme pour me prendre au mot, Louise, qui a dû sentir mes désirs de rester seule, enfile son manteau et s'en va. Je vois Marie-hélène aller la reconduire au bas de l'escalier. Sans doute ma petite fille a-t-elle peur de se retrouver seule avec sa maman éclopée, elle doit paniquer la pauvre petite… Je ne veux pas comprendre pourquoi elle descend là, mais je suis presque soulagée quand elle remonte l'escalier…

C'est ainsi que je me retrouve seule ! Ce que je ressens alors n'est pas du tout ce que j'avais prévu : au lieu de goûter ma liberté, je suis terrorisée!………… Seule avec Marie-hélène, je sens le poids de ma responsabilité de mère, responsabilité que je me sens bien incapable d'assumer. Pour la première fois depuis huit mois, je me retrouve seule avec ma fille dans ce grand logement… Je me sens toute petite. Marie-hélène ne parle pas… moi non plus… Elle vient se blottir tout contre moi dans ce grand lit… Je la serre et nous arrivons tout de même à nous endormir. Depuis l'accident, quand je suis à la maison, elle vient se coucher avec moi, dans le grand lit. Quand Vincent est là, elle dort entre nous deux. Ce soir, nous sommes seules toutes les deux au milieu du lit quand son père arrive… Et, je ne comprends pas pourquoi, il vient se coucher de mon côté ! C'est la première fois qu'il m'approche depuis l'accident. Et à deux heures du matin ! Je suis fâchée, je fais semblant de dormir et je m'étire de côté pour le pousser, lui faire comprendre qu'il n'est pas à la bonne place…

Cette expérience suffit pour me laisser prévoir une présence les fins de semaine suivantes et me faire admettre que je ne peux pas vraiment compter sur Vincent. Je ne me sens vraiment pas apte à rester seule avec Marie-hélène. Il faut que je prévoie la vie sans mon mari. De toute manière, je n'ai jamais compté sur lui pour quoi que ce soit. Les derniers mois avant l'accident, il avait commencé à rentrer très tard. Il semble qu'il continue…

Louise doit sentir la même chose que moi. C'est sans doute une des raisons qui l'ont poussé jusqu'ici à me protéger. Mais je n'aime pas qu'on me protège, je ne veux pas qu'on ait pitié de moi. Même si elle a senti juste, elle aurait pu m'en parler avant de partir... Ah, et puis ! Ça n'aurait probablement rien changé : je lui aurais dit de s'en aller ! Je ne sais pas ce qu'elle comprend... et je ne veux pas le savoir.

Je ne sais pas si j'ai raison : pour moi, ce n'est pas une affaire de raison, ce qui compte, c'est ce que je sens... Je me sens diminuée... Comme une enfant, je n'ai le droit de rien décider. J'ai l'impression qu'elle pense pour moi, qu'elle croit que je suis incapable de poser le moindre geste de moi-même... Elle est là, elle est toujours là ! J'ai peur qu'elle reste toujours là, près de moi. trop près ! Je veux retrouver celle que j'étais...Pour qui me connaît, cela veut dire autonomie, indépendance... C'est pour reconquérir cette autonomie que je suis venue à l'IRM. Maintenant que me voilà sur la bonne voie, il faut me laisser vivre ! Si l'on veut m'aider, il faut me permettre de demander cette assistance au moment où j'en ai besoin et ne me fournir rien d'autre que l'appui demandé.

Après cette première fin de semaine passée presque seule avec Marie-hélène, je me suis invitée chez mes parents pour la deuxième. Ils habitent un duplex et je ne pouvais pas imaginer les ambulanciers monter la civière dans cet escalier à trois paliers qui tourne toutes les sept marches. Mais il fallait que je le fasse pour ne pas passer ces deux jours seule avec Marie-hélène. Je panique un peu... surtout le soir... Et ma petite fille ne dit rien, mais elle doit avoir si peur... Avec mes parents, tout est si simple, pas de problème.

La fin de semaine suivante, ce sont mes amis Paul et Simone qui sont venus chez moi. Enfin, la dernière fin de semaine, un autre couple d'amis s'est dévoué... Une autre, je suis allée chez mon frère Gilles...

Oui, bien sûr, je trouve ça très dur de vivre toujours dans cette insécurité, mais si je veux arriver à contrôler mon existence et à retrouver les jours d'antan, je dois passer à travers cette période difficile ... seule ! Il faut que j'arrive à m'organiser une vie comme celle que j'ai toujours aimé vivre...

Et je ne pense même pas à ce qui arrivera quand je rentrerai à la maison pour de bon...

114

CHAPITRE 9

Juillet

Enfin ma dernière semaine à l'Institut qui commence ! Je me sens légère comme un oiseau, il me semble que je vole !... Moi qui peux à peine mettre un pas devant l'autre, bien appuyée sur ma canne à part ça. Ça ne fait rien, au moins, j'arrive à me tenir debout.

Et puis... Je ne trouve plus le temps long, j'ai tellement de choses auxquelles il faut que je pense ! Tout ce qu'il faut prévoir pour la maison ... et en plus, pour le collège... Oui je vois déjà au bout du tunnel, le jour où je retournerai au collège. Depuis un mois, je vais passer la première heure de la journée seule dans le bureau de l'orthophoniste pour y pratiquer l'écriture, pas l'écriture littéraire non ! Seulement la calligraphie : l'art de former des lettres lisibles les unes à la suite des autres. Quand je pense au temps qu'il m'a fallu pour écrire la première! Maintenant, j'arrive à toutes les dessiner avec plus ou moins de style, mais elles sont compréhensibles. Dernièrement, j'ai commencé à écrire une sorte de journal comme je le faisais avant l'accident. Je note donc mes impressions sur ce que je vis... dans un beau cahier que j'ai retrouvé en fouillant dans mes affaires à la maison.

Hier, une ergothérapeute m'a demandé de venir à son bureau à 3h. Ça ne fait pas longtemps que je la vois travailler dans un local où il y a de l'équipement pour aider les handicapés. Quand j'arrive, il y a déjà quelques handicapés qui veulent apprendre à écrire de la main gauche, comme moi. Cet après-midi, Luce commence à donner des cours d'écriture. Les nouveaux étudiants sont installés devant une tablette, crayon à la main. Elle, l'ergothérapeute, est à côté d'un tableau où elle s'applique à dessiner un beau « i », un beau « e »... Elle se retourne pour me saluer et m'inviter à prendre place :

- As-tu apporté ton cahier d'exercice ?

- Oui.

- Tu permets que je le montre aux autres ?

- Oui, si tu veux, mais les débuts ne sont pas beaux !

- Ça va leur montrer que toi aussi tu as eu de la difficulté et que tu y es arrivée !… Regardez ! On peut à peine distinguer son premier « e »… On va aller voir à la fin… tenez, celui-ci est beau ! Vous voyez qu'il ne faut pas se décourager !

Puis, se tournant vers moi :

- Depuis combien de temps pratiques-tu ?

- Oh, un peu plus d'un mois.

- Tous les jours ?

- Oui, tous les matins depuis que je n'ai plus de traitements en orthophonie… et chez moi la fin de semaine.

- C'est beau ça, veux-tu leur expliquer comment tu as fait pour y arriver ?

- C'est pas bien compliqué ! Quand j'ai décidé d'apprendre à écrire de la main gauche, j'ai commencé par essayer de faire un « a », un « e »… C'est plus facile de faire un « i », mais il m'a fallu les leçons de ma fille qui est en troisième année pour découvrir ça. Les rôles étaient maintenant inversés : c'est elle qui écrivait une lettre bien formée au début d'une ligne et je remplissais la ligne de cette lettre. L'important, je crois, c'est de ne pas lâcher ! C'est pas facile, mais on y arrive.

Luce se déplace maintenant vers ses nouveaux étudiants en disant :

- Regardez, prenez votre crayon comme ça. Essayez de le tenir comme il faut et commencez pendant que je passe vous voir pour faire une première lettre comme modèle…

Je les regarde… Je comprends comment ils peuvent se sentir, mais ils ont quand même la chance d'avoir quelqu'un pour les guider. Heureusement que Marie-hélène m'a montré, car je ne sais pas si j'y serais arrivée toute seule. Me sentant impuissante à faire ou à dire quoi que ce soit, je demande :

- Je peux continuer à écrire ?

- Bien sûr, mais si tu veux faire comme moi, ça pourrait aider.

- Qu'est-ce que tu veux que je fasse pour aider ? J'ai de la misère à faire une lettre !

- Oui, mais tu pourrais peut-être leur montrer comment tu y es parvenue.

Je pense à Marie-hélène à côté de moi avec sa petite tablette... et je dis tout de suite :

- La première chose à retenir, c'est qu'il faut écrire sur une grande feuille ou mieux, dans un cahier. Comme on n'a qu'une main, il faut qu'elle arrive à tout contrôler en même temps. On ne peut pas écrire sur une feuille qui se promène : on n'a pas de main pour la tenir. Alors pour qu'elle tienne, il faut qu'elle soit attachée à un cahier ou à une tablette. Si on n'a qu'une feuille, on met quelque chose de pesant sur le côté de la feuille où ça ne nuira pas. Moi, je pose une agrafeuse ou un dévidoir à papier collant, parfois même un cendrier. Si la feuille est grande, en appuyant sa main dessus pour écrire, on tient la feuille sans même s'en rendre compte. C'est plus facile quand le texte est rendu à droite, le bras gauche tient alors mieux la feuille. Quand on écrit de la main gauche, c'est plus difficile d'écrire au début de la ligne, mais avec une tablette, ça va. Ensuite, il faut commencer par les lettres faciles : i, e...

Je me rends compte que d'être là, la meilleure, ça m'encourage ! Et c'est la première fois que je suis un peu en position de professeur, c'est valorisant!

****

Cette semaine, mon ergothérapeute est en vacances. C'est une fille inconnue qui me reçoit. Elle me demande :

- Tu t'en vas cette semaine?

- Oui.

- Es-tu capable de rentrer et sortir du bain?

- Non.

- Tu n'as pas pratiqué avec Sophie?

- Une ou deux fois.

- Et alors?

- D'abord, elle veut que je prenne mon bain sur une planche et je ne veux pas. Ensuite, pour y arriver, il faudrait que je puisse au moins entrer et sortir du bain…

- Puisque tu ne veux pas de planche, tu demanderas qu'on achète une chaise en plastic et tu prendras une douche.

Et voilà le problème réglé, je suis figée, incapable de répondre! Je sors du local. C'est ma dernière séance d'ergothérapie… C'est inouï : en cinq mois, on m'a amenée deux fois dans le local où il y a une baignoire avec une barre de soutien oblique au mur du fond et une planche de bois à peu près à la mi-hauteur du bain. Là, Sophie m'a fait lever debout :

- Est-tu capable de prendre la barre?

- Là? De l'autre côté de la baignoire?

- Oui,

- Es-tu folle? Je vais tomber, c'est bien trop loin!

- Mais non, je vais te tenir.

- Comment vas-tu me tenir? Par mon « petit » bras?

- Non, comme ça … Tu essaies de passer ta bonne jambe dans la baignoire…

- C'est haut ça, ma « petite jambe » va-t-elle réussir à me soutenir tout ce temps ?

- Mais oui, bien sûr !

- Je ne suis même pas certaine d'être capable de lever ma jambe gauche à cette hauteur.

- Tu peux toujours essayer.

- D'accord, je vais essayer, mais reste là et soutiens-moi si tu vois que je faiblis…

- N'aie pas peur.

Et je lève ma jambe gauche… j'y arrive. Me voilà, la jambe gauche entrée, à cheval sur le bord. Sophie continue :

- Maintenant, es-tu capable de tirer ta jambe droite pour la rentrer aussi ?

- Sûrement pas, tu sais bien qu'elle est paralysée !

- Bon, tire-la et je vais t'aider.

Quand je tire, je sens à peine mon talon soulevé de terre… Alors elle prend ma jambe et l'amène à côté de l'autre.

- Maintenant, tu peux t'asseoir sur la planche pour te reposer un peu avant de sortir…

- Je peux bien m'asseoir si tu veux, mais je ne suis pas vraiment fatiguée…

Pour m'asseoir, je tiens la fameuse barre oblique de toutes mes forces pour que ma main ne glisse pas et se retrouve au bas de la barre, ce qui me déséquilibrerait et me ferait peut-être tomber sur la planche au lieu de m'y asseoir. Sophie reprend :

- Tu sais, si tu acceptais de t'asseoir sur la planche chez toi, tu pourrais prendre ton bain toute seule…

- Comment veux-tu que j'arrive à faire cela toute seule ?

- … …

Voilà, aucune solution… Elle m'aide à sortir du bain… Elle ne me demande plus d'essayer… On dirait que pour elle, la question est close.

Et pour ce qui est d'attacher mes lacets de souliers, elle s'est décidée à me montrer ça, juste avant de partir en vacances. Le plus bête, c'est que c'est la chose la plus facile à faire : il suffit de faire un nœud au début du lacet, ce qui permet d'enfiler tout le reste d'une seule main. Quand c'est fini, on fait une boucle et on y enfile le lacet à la manière d'un nœud coulant. C'est si simple qu'une amie à qui j'ai montré ça a eu comme unique commentaire : « Ma grand foi, c'est si simple que je vais apprendre ça à mon gars qui n'est pas encore capable d'attacher ses souliers.

****

En ce dernier jeudi, le médecin arrive, souriant :
- Es-tu prête à partir?
- Oui, mais la travailleuse sociale ne m'a pas donné de nouvelles … C'est bien beau que je m'en aille chez une amie en sortant, mais qu'est-ce que je vais faire en rentrant chez moi?
- Je vais lui dire de te téléphoner.
- Dites-lui de téléphoner à mon mari au bureau. Moi, je vais être à Sainte-Agathe.
- D'accord, j'ai le numéro. À part ça?
- Vous m'aviez dit que je continuerais la physiothérapie?

- Oui, tu vas aller au bureau qui se trouve à l'entrée pour prendre un rendez-vous au début de septembre et quand je te verrai, je vais demander que tu viennes pour des traitements avec Liliane trois fois par semaine.

- Et le fauteuil roulant?

Actuellement, je me promène dans un fauteuil de l'Institut.

- La semaine dernière, l'ergothérapeute t'a amenée à l'Atelier pour faire prendre tes mesures?

- Oui.

- On t'a commandé un fauteuil. En attendant, l'Institut t'en prête un. Pour le bain, qu'est-ce qui se passe?

- Oh, la remplaçante de Sophie m'a dit de me faire acheter une chaise en plastic et de prendre une douche …

- Ça te convient?

- Non, mais ça a l'air que je n'ai pas le choix.

- …

- Est-ce que je vais être prise pour prendre une douche sur une chaise en plastic pour le restant de mes jours?

- Il faudrait penser à ça …   Je te ferai donner par l'infirmière une ordonnance pour tes médicaments.

- Est-ce que je peux boire de l'alcool même si je prends ces médicaments?

- Pas vraiment …

- Qu'est-ce que ça fait si je bois?

- Ça diminue l'effet des médicaments.

- Ah, comme ça, ce n'est pas si grave.

- Tu peux boire un peu, mais fais attention!

- D'accord, merci.

- Alors, ça va aller?

- Je crois, c'est tout?

- Je crois qu'on n'a rien oublié. De toute façon, on se voit au début de septembre.

- Merci pour tout, au revoir et bonnes vacances!

****

Depuis le début de la semaine, Liliane me fait marcher dans le corridor. C'est paniquant! Quand on sort du local, on en voit toute la longueur : je le trouve pas mal plus long que je le vois quand je suis assise. En plus, je sais qu'il y en a un autre aussi long dans l'autre sens. Comment vais-je arriver jusqu'au bout? Une chance qu'elle reste à côté de moi et que j'ai un mur de l'autre côté. Je tiens ma canne, je pèse dessus de toutes mes forces comme si ça allait la rendre plus solide, je m'accroche à elle comme à une bouée … Pourtant, je trouve si précaire l'équilibre qu'elle me donne … Avec le mur d'un côté et Liliane de l'autre, ça m'assure que si je perds l'équilibre, je peux lâcher ma canne et me tenir au mur. S'il arrive quelque chose de pire, Liliane devrait avoir le temps de me retenir pour que je ne tombe pas. J'aime mieux avoir le mur à ma gauche du côté fonctionnel pour que je puisse m'y appuyer n'importe quand, ça me sécurise. Quand nous revenons au local :

- Alors, tu es contente de partir?
- Oui, bien sûr! Mais je le suis moins de vous quitter, surtout toi.
- Mais tu vas revenir me voir cet automne.
- Oui, c'est vrai. D'ici là, je ferai les exercices que tu m'as montrés.
- Au moins deux fois par jours, hein?
- Oui, oui!
- Bonnes vacances!

Nous nous embrassons et elle vient me reconduire à l'ascenseur.

****

Ce vendredi 4h, Vincent arrive. Comme d'habitude, il ramasse mes affaires, mais cette fois-ci, il faut faire attention de ne rien laisser, même pas la pâte à dent. Comme d'habitude, il pousse le fauteuil jusqu'à la voiture et le met ensuite dans la valise. Une fois que nous sommes installés :

- J'espère que tu n'as pas oublié que je veux aller à la Caisse pop…

- Non, c'est là que nous allons tout de suite!

Je veux reprendre mes affaires en main. Pour cela, il faut que je fasse approuver ma nouvelle signature. J'ai assez pratiqué, ça devrait aller. Tout de suite après l'accident, mon frère Francis a dû se rendre à la Caisse pour obtenir une procuration afin de pouvoir s'occuper des comptes. Chez nous, c'est moi qui tenais les cordons de la bourse. Comme Vincent n'y connaissait pas grand-chose et que tout de suite après l'accident, il n'était vraiment pas en condition de s'occuper de ces choses-là, Francis a offert de prendre les affaires en main. En avril, il m'a rendu visite à l'IRM et m'a averti qu'il donnait une procuration à Vincent. Maintenant, c'est à mon tour de reprendre tout ça! Et c'est aujourd'hui que ça commence.

Quand nous arrivons à la caisse, le personnel m'accueille si bien que le gérant se pointe dans la porte de son bureau pour me saluer :

- Bonjour ! Ça va mieux ?

- J'espère que ma signature sera lisible !

- Bien sûr, vous savez, il y en a beaucoup qu'on n'arrive pas à lire ! Je vais aller vous voir chez vous bientôt.

- Ah oui, c'est gentil...

- Je vous appelle avant d'y aller de toute façon.

- D'accord, merci et à bientôt !

- À bientôt !

Vincent pousse la chaise et quelqu'un s'empresse de nous ouvrir la porte. Il fait beau et chaud, c'est agréable de se faire pousser comme ça ! C'est bien court la distance entre la Caisse et la voiture, mais ça ne fait rien, on est dans le vrai monde! Que je me sens bien !

- Alors Vincent, tu as préparé ma valise ? On peut s'en aller directement à Sainte-Agathe ?

- Oui, tout est prêt.

Et on s'oriente vers l'autoroute des Laurentides. Une heure plus tard, Vincent stationne chez Danielle qui sort justement de la maison avec Marie-hélène. Quand elle nous aperçoit, ma fille court vers l'auto !

- Allo Marie-hélène !

- Allo maman !

- Viens m'embrasser même si je ne suis pas sortie de la voiture parce que, tu sais, ce sera bien trop long...

Elle court se jeter dans mes bras et c'est la longue étreinte, plus longue que celles des fins de semaines, car c'est comme si on se retrouvait après une très longue séparation, mais cette fois-ci on sera ensemble pour longtemps. C'est un vrai soulagement. C'est Danielle qui nous ramène sur terre !

- Alors, comment on se sent aujourd'hui ?

- Là tu peux me demander ça : je me sens en vacances ! Pas bien en forme, mais pas mal mieux qu'il y a 9 mois !

- Tu vas voir, ça va aller de mieux en mieux ! ... Bonjour Vincent.

- Bonjour, tiens, voici le fauteuil. Peux-tu aider Thérèse pendant que je sors les bagages ?

- Oui, ça va ! Je vais l'aider...

Elle me fait faire le transfert de la voiture au fauteuil.

- Tu es bien gentille de m'accueillir chez toi.

- C'est la moindre des choses !

Elle pousse mon fauteuil vers la porte centrale, celle qu'on n'utilise jamais. On entre toujours par la porte de côté qui mène plus directement à la cuisine. Mais c'est par la grande porte qu'il y a le moins de marches à monter.

Et nous finissons par nous retrouver à l'intérieur. Une spacieuse demeure au bord du Lac des Sables ! Une charmante maison canadienne qui respire la chaleur, le bien-être ! Même si elle est spacieuse, son aménagement sympathique permet de s'y sentir vite à l'aise. Vincent m'aide à m'asseoir dans un fauteuil du salon :

- Tu veux bien rester ici le temps que je rentre ta valise ?

- Bien sûr.

- Je peux t'aider ? ajoute Danielle qui vient nous rejoindre poussant le fauteuil roulant.

- Je ne crois pas que ce sera nécessaire. Tiens plutôt compagnie à Thérèse.

- D'accord, tu connais les aires !

Il revient quelques minutes plus tard :

- Voilà, alors, tout est parfait, je peux vous laisser ?
- Tu ne manges pas avec nous ? demande Danielle.
- Non, merci, je veux rentrer à Montréal avant la nuit... Alors, Marie-hélène, tu es contente ? Maman va être toujours avec toi maintenant !
- Oh oui, enfin ! Mais toi, tu ne restes pas avec nous ?
- Tu sais bien : il faut que je travaille.
- C'est dommage !
Il l'embrasse…, vient vers moi pour me donner un baiser :
- J'espère que ça va aller ?
- Oui, oui, ne t'inquiète pas ! Danielle est là !
- Alors bonne semaine !
- Merci et à bientôt !

Danielle m'explique que, étant donné qu'il n'y a que sa chambre au rez-de-chaussée, elle m'a aménagé une petite pièce vitrée qui donne sur le lac. Marie-hélène dort au deuxième où se trouvent toutes les autres chambres. En poussant ma chaise, elle me demande :

- As-tu faim? J'ai préparé un bon petit souper, il ne reste qu'à le réchauffer …
- Ah vraiment? C'est vrai, il est déjà 6h! Oui, je commence à sentir la faim, mais ce n'est pas une urgence!
- Non, mais on va placer tes choses, puis on va prendre l'apéro, ça te va?
- Je serais bien imbécile de dire non!
- Alors, voici ta chambre … J'ai réussi à y entrer une petite commode là … Ce sera suffisant tu crois?
- Ah, bien sûr! Et puis, si ça ne rentre pas, j'en laisserai dans ma valise.

Après avoir rangé mes effets, nous revenons au salon. Marie-hélène est là, près de nous, avec sa cousine Anne-Marie qui n'a que 2 ans. Elle qui aura bientôt 8 ans, elle doit en avoir assez de faire semblant de s'amuser avec une petite fille de 6 ans sa cadette. En tout cas, elle le fait le sourire aux lèvres et sans riposter. Après le souper et le coucher des trois filles, il ne faut pas beaucoup de temps pour que je sente la fatigue s'emparer de moi après cette longue et belle journée de transition. Danielle vient m'aider à m'installer.

****

Au petit matin, je me réveille … C'est presque comme si j'étais dehors! La lumière envahit toute ma petite chambre. Il fait beau et le soleil rayonne sur le lac. Comme c'est agréable de se retrouver comme ça, un beau matin, à la campagne, avec Marie-hélène et mon amie Danielle. Comme c'est bon de pouvoir vivre dans l'insouciance malgré le poids des préoccupations à venir. Pour l'instant, il faut que j'arrive à profiter de cette escale et que j'oublie les difficultés que j'aurai à affronter en rentrant chez moi.

Pendant que je suis à classer tant bien que mal ces incertitudes qui m'obsèdent, Marie-hélène entre doucement :

- Tu es réveillée?
- Oui, viens me voir.

Et je la serre dans mes bras en guise de bonjour.

- Veux-tu que je t'aide à te lever ou si tu aimes mieux que j'aille chercher Danielle?
- Si tu le veux bien, je crois que ton aide suffira.
- Alors, qu'est-ce que je fais?
- Pour commencer, il faut que je m'assoie …
- Tu veux que je te tienne le bras?
- Non, ça ira. Tu sais, je n'ai plus besoin de beaucoup d'aide, mais j'aime bien que tu sois là.

Une fois assise sur le bord du lit :

- Peux-tu me donner mes chaussettes, s'il te plaît?
- Voilà, veux-tu que je te les mette?
- Ah, c'est une bonne idée, essaye donc! Regarde, je vais tenir mon petit pied, ça va aller mieux!
- Oui, ça va!
- Ma robe de chambre … Tiens, j'enfile mon bras droit … tu la tires derrière moi… Là, il faut que je me lève … Attends, peux-tu me pousser derrière le dos … en bas …
- Là?

- Oui, c'est ça, on compte jusqu'à trois et tu pousses … Un … deux … trois! … Et voilà... peux-tu me donner l'autre côté de ma robe de chambre?

- Oui, tiens.

Et comme je me rassois, Danielle arrive :

- Alors, ça va? Tu as passé une bonne nuit?

- Oui, parfaite!

- C'est l'heure du déjeuner.

Et nous nous dirigeons vers la cuisine où, dans sa chaise haute, Gabrielle fait des « ga, ga ».

- En cette première journée de tes vacances, dit Danielle, on va faire un spécial. Tu aimes le pain doré?

- Oui, bien sûr!

- Alors, ce sera ton déjeuner. Toi, Marie-hélène, ça te va?

- Oui, Louise nous en a fait quelques fois.

- Les filles, elles, en grignotent quelques petits morceaux. Alors, du pain doré pour tout le monde!

Et elle se met au travail. En déjeunant, elle m'explique :

- J'ai un peu pensé à tout ce qu'on pourrait faire, alors j'aimerais te soumettre mes propositions. D'abord, le plus facile, peut-être aimerais-tu rester ici tranquille sur le patio pour te reposer en prenant du soleil.

- C'est vrai, c'est si beau et on est si bien !

- Ensuite, Renée Claude donne un récital demain soir. J'ai acheté des billets, ça te va ?

- Oh oui, Renée Claude, c'est une des rares chanteuses qui me plaisent, mais comment on va faire ?

- Laisse faire ça, c'est mon problème ! … Quand tu voudras, on pourra descendre en bas, au bord de l'eau…

- Oui… peut-être… mais aussi, je voudrais pratiquer mon écriture de la main gauche…

- Il y a une table sur le patio…

- J'ai apporté un vieux plan de cours, je vais essayer d'en faire un.

- Tu vas te mettre à travailler ?

- Non, non, je veux seulement essayer de me remettre dedans, tu comprends ? Ça fait si longtemps que je n'ai pas touché à

126

ça, j'ai l'impression que c'est dans une autre vie… Peut-être que je n'y comprendrai rien !

- Je disais ça pour te taquiner ! Bien sûr que tu fais bien ! De toute façon, tu as tout ton temps pour te préparer. Ce n'est pas cet automne que tu retourneras enseigner, hein ?

- Non, le psychologue qui m'a fait passer les tests… J'ai très bien réussi, mais il m'a demandé d'attendre au moins un an. Ça me donne un bon moment pour préparer mes cours.

Après le déjeuner, nous allons sur le patio. Marie-hélène y est en train de dessiner. C'est une de ses activités préférées. Au bout de quelque temps, Danielle me dit qu'elle a des commissions à faire. Alors je commence à lire le plan de cours que j'ai apporté : Lecture et écriture. Dans ce cours, on accueille les étudiants du secondaire qui souvent ne savent pas écrire. C'est dans ce cours que j'applique les techniques de lecture rapide que j'ai assimilées lors d'une recherche. Je m'en sers pour montrer aux étudiants comment trouver un renseignement dans un texte. J'utilise ces techniques pour les aider à comprendre ce qu'ils lisent sans nécessairement améliorer leur vitesse de lecture. Je pars de ce qu'ils ont compris pour leur faire exécuter des exercices d'écriture. Et enfin, il faut leur donner des cours de grammaire…

Pour pratiquer ma propre écriture, je copie tous les objectifs du cours qui ne varient pas d'une session à l'autre…… Puis, j'arrive aux livres à faire acheter : une grammaire, un dictionnaire, deux romans… Dans le plan de cours que j'ai apporté, je demandais de lire *Et puis tout est silence…*de Claude Jasmin et *La Symphonie pastorale* d'André Gide. Ce sont deux courts romans faciles qui se lisent bien, mais il me faut y réfléchir un bout de temps pour retrouver l'histoire dans ma tête… C'est tellement loin ! Est-ce que je vais remettre ces deux romans au programme ?… Inutile de m'arrêter à ça aujourd'hui, j'ai bien le temps d'y penser !

Danielle arrive :
- Puis, comment ça va le plan de cours ?
- Ah ! Allo ! Je ne sais pas, c'est si loin qu'il va falloir que je le reprenne quelques fois avant de me sentir à l'aise, mais je crois que je vais y parvenir.

Et nous passons le reste de la journée à placoter, à rire, à manger… Elle vient de terminer un livre qu'elle me propose de lire : *Jusqu'au bout de la vie.* C'est l'histoire d'une femme qui s'est sortie d'un cancer. J'accepte de le lire, ce sera ma première lecture depuis l'accident.

Marie-hélène, elle, dessine, se baigne, s'occupe de sa petite cousine… Nous arrivons bien vite au lendemain soir et à cette sortie que Danielle a prévue… Ça n'a pas l'air de l'inquiéter du tout, alors j'essaie de l'imiter… Pourtant, je crains que les choses ne se passent pas aussi bien qu'elle ne le prétend…

Nous soupons tôt, car Danielle veut être certaine d'avoir assez de temps pour faire toutes les opérations qui sont nécessaires à mon déplacement. D'abord, il faut se changer. Ensuite, placer la voiture devant la porte. Après toutes les opérations d'usage, nous roulons enfin vers le théâtre. Rien n'est compliqué pour mon amie, rien n'a l'air d'être un fardeau, elle fait tout cela comme si c'était une routine qu'elle fait tous les jours. Alors, je me sens à l'aise et je passe une belle soirée même si j'ai toujours peur d'obliger tout le monde à des efforts supplémentaires pour m'assurer finalement une vie bien ordinaire… Je suis toujours portée à refuser qu'on me sorte parce que je sais que ce n'est facile pour personne; et pour moi, c'est très embarrassant. Je me demande parfois si toute l'énergie que tous mettent pour me faire passer un bon moment n'est pas plus considérable que la valeur du moment heureux que j'ai vécu…

Hier matin, Danielle a pris un rendez-vous avec la coiffeuse qui va venir à la maison pour me couper les cheveux. Je trouve que c'est une très bonne idée : ça fait déjà neuf mois que j'ai eu l'accident et il ne faut pas oublier qu'à ce moment-là, on m'a rasé la tête pour y voir clair. Oh, même si ça fait longtemps, je n'ai pas les cheveux longs. Ça n'a pas repoussé très vite, mais mes cheveux sont au naturel, c'est-à-dire qu'ils n'ont pas de coupe. Ils ont tous poussé au même rythme. Alors, c'est aujourd'hui qu'elle arrive, cette coiffeuse. Elle n'a pas beaucoup de cheveux à couper, mais elle réussit à me faire une jolie tête.

Arrive trop vite la fin de ces agréables vacances. C'est aujourd'hui samedi, Louise vient nous chercher. Marie-hélène ne dit rien. Elle ramasse ses affaires consciencieusement. Je ne sais pas si elle est contente de partir, mais elle ne doit sûrement pas être fâchée parce qu'elle sait que demain, on s'en va au bord de la mer. C'est pour elle que j'ai accepté ce nouveau déplacement. Ce soir, on rentre à la maison pour laver le linge et faire de nouvelles valises.

Dire qu'il me faut monter l'escalier et le redescendre demain... J'aime mieux le monter que le descendre parce que c'est moins énervant. J'ai moins peur de tomber. Quand je descends, je me retiens, le vide me fait peur ... Mais ce voyage me donne l'occasion d'éprouver mes capacités à circuler normalement.

****

Aujourd'hui, c'est le grand départ vers le bord de la mer. Louise finit de rentrer tous les bagages dans la valise et on part. Marie-hélène s'installe à l'arrière de la voiture. Elle va sûrement dormir pendant un bon bout du chemin... Louise va souvent au bord de la mer. Elle part, comme d'habitude, sans faire de réservation... Je n'aime pas beaucoup cela. Moi, je sais toujours où je m'en vais et je fais des réservations ... Mais je ne dis rien...

On arrive à destination en fin d'après-midi et c'est le début de la recherche d'un motel... Ça a l'air pas mal bondé... Finalement, ma soeur réussit à réserver pour le lendemain un motel que nous connaissons déjà. En attendant, elle déniche une chambre pour ce soir dans un motel quelconque. Alors, nous passons une bonne partie de la première journée à nous réinstaller... Moi, ça ne me dérange pas trop : quand je vois le sable, j'aime mieux ne pas essayer de me voir marcher dessus... ou dedans.

Louise, elle, a décidé que j'irais au bord de la mer... dans le sable ! Je ne sais pas comment elle s'est organisée dans sa tête, mais je me retrouve assise dans mon fauteuil roulant, les deux pieds dans le sable...

- Regarde, Thérèse, j'ai apporté cette petite chaise de plage. Tu ne voudrais pas t'asseoir dedans ? Tu serais bien plus près du sable.

- Non merci, je ne sais même pas si j'arriverais à m'asseoir dedans ! Ma foi, je tomberais à côté... C'est bien trop bas ! Tu imagines me voir descendre si bas ? Sans compter que, même si j'y arrivais, je ne pourrais jamais me relever de là... tu ne te rends pas compte ?

- Mais je suis là ... Et si je n'y arrive pas, il y a un tas d'hommes sur la plage qui ne demanderaient pas mieux que de t'aider !

- J'ai dit non, je suis bien ici. Ça a déjà été assez compliqué de m'amener jusqu'ici...

- Bon d'accord ... Si tu le permets, je vais aller rejoindre Marie-hélène dans l'eau.

- Vas-y, je suis bien.

....
....

Et quand l'heure de rentrer arrive, Louise et Marie-hélène ramassent les serviettes et un beau grand monsieur se pointe :

- Vous avez besoin d'aide ?

- Oui, dit Louise. Vous êtes très aimable, il faudrait arriver à amener ma sœur...

- Voulez-vous que je la transporte ?

- Pensez-vous être capable ?

- Oh oui, bien sûr !

En terminant sa phrase, il se penche vers moi :

- Vous voulez bien ?

- Je suis pesante, vous savez ...

- Mais non !

- Alors, essayez, vous allez voir !

Et il me prend sous les aisselles et sous les genoux et me lève en un rien de temps.

- Ça va, vous êtes bien ? dit-il.

- Oui, ce n'est pas moi, c'est vous qui êtes dans la plus mauvaise position.

- Mais non, ça va très bien !

En deux temps trois mouvements, je me retrouve assise dans mon fauteuil sur la terre ferme.

Après le souper, nous allons faire un tour au parc d'amusement. En nous promenant, on aperçoit une réclame : Faites lire les lignes de votre main Ça me tente d'aller voir ça ! On entre et une dame me demande de lui donner ma main :

- Vous n'arriverez jamais à la retourner…

- Êtes-vous gauchère ?

- Non… mais je le deviens par la force des choses, mais il paraît que je suis ambidextre.

- Bon, alors je peux prendre la main gauche…

- Voici.

- Oh, regardez ça, vous avez deux lignes de vie… Vous… vous pensez toujours aux autres… Il faudrait que vous commenciez à penser à vous …

Quelques autres petites remarques… quelques commentaires… Rien de vraiment important….

Pour ce premier voyage au bord de la mer, nous ne restons que quelques jours. En tous cas, pour moi, c'est assez. Je suis contente d'être venue, ça s'est passé assez bien, j'ai entendu la mer, ça, ça me fait toujours plaisir, mais j'en profite si peu … Regarder les autres sauter dans l'eau… Moi aussi, j'aimais bien attaquer les vagues… flotter dessus… Maintenant, il faut que je me contente du souvenir… Ah, je ne me sens pas déprimée, mais si je le pouvais, j'aurais au moins un petit chalet tout au bord de la mer où je pourrais la sentir, en jouir à mon goût. Seule avec Marie-hélène… oh, peut-être aussi avec une ou deux de ses amies. Elles s'amuseraient pendant que moi, je lirais, j'écrirais, je rêverais… en écoutant la mer…

Sur le chemin du retour, je rêve… je rêve à une vie meilleure, j'espère en cet avenir que je ne connais pas……. En rentrant à Montréal, Louise vient me conduire chez ma sœur Lucie à Chomedey. Comme ma nièce est à peu près du même âge que Marie-hélène, ma fille aura enfin une compagne un peu plus agréable et comme je n'ai pas vu Lucie depuis longtemps, nous en avons beaucoup à nous dire. Alors, pendant qu'elle cuisine, nous échangeons les dernières nouvelles. Ma grande sœur a toujours aimé préparer de bons plats. Elle a presque toujours les mains dans les casseroles. Sa famille est gâtée, toujours de bons repas les attendent sur la table. Alors, pendant quelques jours, Marie-hélène et moi serons du festin !

Aujourd'hui, il fait beau, on va s'asseoir dehors, dans sa cour... à l'ombre. Parce qu'il fait une de ces chaleurs. Lucie se baigne avec Marie-hélène qui lui demande un seau pour m'arroser de temps en temps. Ça fait du bien !

Demain, c'est Vincent qui vient nous chercher, on rentre à la maison. Hier, j'ai téléphoné au médecin de l'IRM pour lui dire que la travailleuse sociale ne m'avait pas donné de nouvelles et que je rentrais chez moi sans avoir l'aide nécessaire :

- N'y a-t-il personne qui puisse vous dépanner ? me demande-t-il.

- Bien sûr, mes parents acceptent de boucher les trous, mais ils ne peuvent pas se rendre responsables de ce boulot tout le temps qu'il faudra...

- Bien sûr...

- Mon amie Danielle connaît une agence, mais ça coûte cher.

- Je vais voir la travailleuse sociale...

- J'attends de vos nouvelles...

Et c'est tout...

Bien sûr, il sait que mon mari est éducateur spécialisé. Il croit que je suis entre très bonnes mains..., mais Vincent est si absent... Je devine qu'il passe son temps avec une autre femme. Le pauvre petit, il a eu un gros choc nerveux, je le vois bien... Et je sais depuis longtemps qu'il lui faut une femme pour s'occuper de lui. Il a besoin d'une mère... Comme je ne suis là qu'à moitié, il a dû s'en trouver une autre...

Vincent vient me chercher. J'ose espérer qu'il couchera à la maison au moins ce soir. Demain, l'ex-femme de mon frère qui vit à Québec, Josée, vient passer quelques jours avec moi. Ça me donne le temps de prévoir...................

Pourtant, mon cher mari ne me laisse pas le temps de me retourner ! Oh oui, il couche à la maison, mais tout de suite, ce matin, il pousse ma chaise dans le salon et s'assoit devant moi :

- Tu sais, il faut que je te dise : je suis tombé en amour...

- Et alors ?

132

- Je vais m'en aller ce soir…
- Qu'est-ce que tu veux que je te dise ?
- … Vas-tu téléphoner à tes parents ?
- Qu'est-ce que tu penses que je vais faire ?

Et il se lève et va voir Marie-hélène. Moi, je vais téléphoner à mes parents. Ils s'en viennent.

Cette après-midi, Josée arrive. Elle embrasse mes parents qui s'en vont et, me prenant dans ses bras :

- Ah, Thérèse, comme tu m'as manqué ! J'étais si inquiète, mais à ce que je vois, ça ne va pas trop mal, tu as l'air en pleine forme !

- N'exagère quand même pas, disons que ça pourrait être pire !

- Ça, c'est vrai !

- Viens, on va s'asseoir.

- Là, je veux t'avertir tout de suite : c'est toi le patron, dis-moi ce qu'il faut que je fasse et je le ferai. Tu sais, je suis venue aussi pour t'aider.

- Oui, je sais et je t'en remercie beaucoup, mais pour l'instant, on va prendre une bière et on va jaser un peu, veux-tu ?

- D'accord.

Ça commence très bien. J'ai l'impression qu'on va passer un bon moment ensemble. Il y a deux ans, mon frère Alex a eu un contrat d'informatique en Algérie. C'est moi qui ai aménagé dans leur maison et qui me suis occupée de ses affaires pendant plus d'un an et demi. J'ai toujours eu une relation amicale avec sa femme. Alors, même si le couple ne fonctionne plus, je continue de voir Josée. Tout à coup, j'y pense :

- Tu sais, c'est l'anniversaire de Marie-hélène cette semaine, est-ce que tu accepterais que j'invite quelques amis ?

- Bien sûr, on va lui faire une belle petite fête, tu vas voir.

- Maman viendra t'aider.

- Ah oui ? C'est gentil ça, ça me donnera l'occasion de jaser un peu !

- Elle a dit la même chose…

- Tant mieux.

- Tu sais, l'heure avance, on va bientôt avoir faim. Tu veux venir dans la cuisine que je t'explique où sont les choses et ce que tu peux faire ?

- Oui, certainement. Viens, je vais pousser ta chaise.

Nous entrons dans la cuisine. J'ai un gros congélateur, il est encore plein de bonne viande. Louise ne l'a pas fait cuire parce que c'était trop long à dégeler parce qu'elle n'était pas à la maison. Alors tant mieux pour moi. Même si la viande est congelée depuis un peu trop longtemps, le pire qui puisse arriver, c'est que ses valeurs nutritives aient diminué un peu. Et peut-être pas puisqu'un gros congélateur gèle beaucoup mieux qu'un petit.

- Voici, choisis …………

Et c'est le début de quelques jours agréables… …

Aujourd'hui, c'est la fête de ma grande fille, déjà 8 ans ! Je n'ai réussi à rejoindre que deux de ses amis d'école. C'est les grandes vacances et comme elle va à Marie de France, ses amis sont souvent en France un mois sur deux l'été. Mais ses cousins et ses cousines sont là avec sa grand-mère qu'elle aime tant. Josée lui a préparé un beau gâteau. Elle et maman organisent des jeux et tout le monde a l'air de bien s'amuser. Je suis contente de voir ma fille recommencer à avoir un brin de vie normale.

Ce beau temps ne dure que le temps du séjour de Josée ! Aujourd'hui, elle doit rentrer à la maison, elle a deux enfants qui l'attendent. Comme c'est la fin de semaine et que j'ai téléphoné seulement vendredi pour engager une personne via l'agence que Danielle m'a suggérée, c'est mon père qui est venu à la rescousse. Quand j'ai quitté l'IRM, lui et maman m'avait bien avertie de ne jamais rester seule avec Marie-hélène. Je leur ai donc téléphoné pour leur faire connaître la date du départ de Josée… Une jeune fille doit venir lundi, mais elle ne travaillera que la semaine. J'ai téléphoné à ma femme de ménage pour lui demander si elle accepterait de me dépanner quelques fins de semaine… avant que je m'habitue ou que je trouve une autre solution. Elle a accepté de venir une fin de semaine sur deux, en alternance avec sa fille. Elles sont très aimables toutes les deux. Je suis quand même chanceuse. Ça fait déjà huit ans que ma tante m'a offert les services de cette dame qui travaillait chez sa mère depuis des années. Comme j'étais enceinte, ça ne pouvait mieux tomber ! De plus, je connais déjà sa fille pour l'avoir eue comme étudiante.

Ce lundi matin, papa attend avec moi que Léa arrive avant de me quitter. Il me rappelle:

- N'oublie pas, s'il y a quelque chose qui ne va pas, téléphone-moi. Si tu as besoin de quoi que ce soit, ne te gêne pas.

- D'accord, tu es bien gentil !

Et ça sonne. C'est papa qui va recevoir cette belle jeune fille.

Quand les présentations sont terminées, papa se retire et j'emmène Léa faire le tour de la maison en lui indiquant quelle sera sa chambre et où sont les choses dont elle peut avoir besoin. On finit par la cuisine où on s'assoit pour discuter du travail qu'elle aura à faire. Elle me fait une bonne impression, cette demoiselle, je crois que ça ira… Elle me prépare un bon petit repas et on passe la soirée à faire plus ample connaissance.

Demain, Louise vient me chercher pour m'amener voir le gynécologue… Quand elle arrive, elle monte me chercher parce que je ne descends pas l'escalier toute seule.

Et au bureau du gynécologue, encore un escalier. Et quand mon tour arrive, Louise demande au médecin si elle peut l'aider à m'installer :

- Oh, je ne sais pas si ça sera nécessaire. Je crois bien pouvoir l'aider moi-même.

Je ne sais vraiment pas comment il va faire, mais je lui fais confiance, il est grand et fort… et beau avec ça ! Nous passons dans son bureau :

- Il vous en est arrivé une belle ?

- Pas mal, hein ? Fracture du crâne ouverte, coma, hémiplégie…

- Les menstruations ont-elles repris ?

- Oui, au mois d'avril et j'ai des maux de ventre que l'Aspirine ne soulage pas.

- Je vais vous donner autre chose…. Dites-moi, à l'avenir, allez-vous venir ici en taxi ?

- Oui probablement.

- J'espère qu'on vous rembourse.

- Non, vous payez bien votre voiture, vous.

- Oui, mais moi, je peux prendre le métro et l'autobus. Vous ne pouvez pas, vous.

- C'est vrai, je vais le demander... Au fait, ma sœur qui est là aimerait que vous lui fassiez un examen... Elle est inquiète, elle voit son ventre enfler... et elle n'a pas de gynécologue...

- D'accord, je vais l'examiner après vous. Venez, c'est votre tour.

- Comment pensez-vous que je puisse réussir à monter sur cette table ?

- On va voir... Pouvez-vous monter sur cette petite marche ?

- Oui, bien sûr, mais je ne pourrai jamais me retourner...

- Je vais vous aider... Regardez... Dites-moi comment vous tenir...

- Il ne faut pas que vous me teniez... C'est moi qui dois me tenir à vous... Si vous placiez votre bras comme ça... là... de ce côté... Je peux le tenir ?

- Oui, oui !

Ainsi organisée, je réussis à pivoter, mais la table est un peu trop haute, je ne pourrai jamais m'asseoir ni même m'étendre :

- Est-ce que je peux emprunter encore votre bras si solide pour me donner un élan et arriver à mettre mes fesses sur la table ?

- Voilà.

Et j'y arrive. Quand il a terminé l'examen, il me rhabille et me prête à nouveau son bras pour le retour à terre.

- Merci beaucoup.

- Ça me fait plaisir, portez-vous bien !

- Au revoir.

- Dites à votre sœur que je l'attends.

Louise est très contente qu'il accepte de la voir. Pendant le trajet du retour, elle me confie :

- Il m'a dit que j'ai un fibrome à l'utérus et que je devrai me faire opérer. Mais ça ne presse pas.

CHAPITRE 10

Août 1982

C'est finalement aujourd'hui, le premier lundi d'août, que je me retrouve chez moi seule avec Léa. Marie-hélène est partie passer la fin de semaine avec son père quelque part à la campagne … Vincent doit venir la reconduire cet après-midi avant d'aller travailler… Moi, ça me fait tout drôle d'être là, avec une étrangère dont je suis la patronne. Je ne me sens vraiment aucune autorité… je ne sais même pas quoi lui dire… Elle est mieux d'avoir de l'initiative, car c'est comme si je sortais de chez ma mère. Je sais bien que ça fait 15 ans que j'ai quitté la maison paternelle, pourtant on me demanderait ce qu'il y a dans un garde-manger et je n'arriverais pas à nommer la moitié des provisions qui sont susceptibles de s'y trouver… Et c'est la même chose pour le réfrigérateur. Alors, comment prétendre décider ce qu'il faut acheter et ce qu'on mangera pour dîner ?

Je suis sortie depuis déjà presque un mois de l'IRM et ce n'est que maintenant que je me vois confrontée à la vraie vie. Oh, en ergothérapie, on parle sans arrêt des activités de la vie quotidienne, les AVQ, mais ça ne veut pas dire grand-chose pour quelqu'un qui sort du coma et qui a du mal à vivre loin des siens. Et sans transition, du jour au lendemain, on se retrouve seule, chez soi, sans être en mesure de s'occuper des choses de la vie.

Heureusement, je suis au moins capable de me lever seule le matin, de me rendre à la salle de bain pour m'y laver le visage. Et encore, prendre la débarbouillette, ça va, mais la tordre d'une main, c'est moins drôle… La plier et la remettre à sa place… on n'en parle même pas.

Arrivée dans la cuisine en fauteuil roulant, j'ai soudainement la vision de tout ce qui m'attend. Comment vais-je faire pour réussir à sortir les céréales et un bol de l'armoire, ouvrir la boîte, décoller le papier si elle est neuve, verser convenablement les céréales dans le bol, sortir le lait du frigo, le verser??? Enfin, pour finir en beauté, comment vais-je préparer le café? Vider les grains dans le filtre, verser l'eau à la bonne place? Et on ne parle pas de la difficulté à beurrer une rôtie. Ce ne sont pas mes deux ou trois séances à la cuisine de l'ergothérapie qui me donnent tout à coup des ailes. Finie la théorie! ... que je n'ai même pas reçue d'ailleurs. C'est ce matin que la pratique commence. Heureusement que Léa est là, elle me sert des céréales. Maintenant que j'y pense, j'essaie de beurrer une rôtie moi-même, je la mets dans une assiette, je prends un morceau de beurre avec un couteau, j'essaye de l'étendre sur la rôtie... et voilà que celle-ci se retrouve sur la table... sans beurre dessus... Léa qui m'a regardé faire s'en vient en souriant :

- Tu veux que je t'aide ? Donne.

- Merci, je ne sais pas comment je vais faire pour y arriver...

- Peut-être que s'il y avait une nappe sur la table, ce serait plus facile. Demain, je vais en mettre une, d'accord ?

- Si tu veux... mais pourquoi ?

- Ta tranche de pain ne glisserait pas sur le tissu, tu pourrais la beurrer.

- Mais oui, il suffisait d'y penser, c'est génial !

- Tu vas voir. Avec le temps, tu vas contrôler beaucoup de choses.

- Mais tu ne seras pas toujours là.

- Tu vas t'habituer à les trouver ces petits trucs.

- En attendant, c'est toi qui as le crédit.

- Tu sais, ça fait deux étés que j'aide toute sorte de monde !...

Et je pense que ça, ce n'est que le déjeuner.

Maintenant, il faudrait que je prenne un bain. Ah non, c'est vrai, je n'ai plus droit au bain ! Je dois m'asseoir sur une chaise en plastic qu'on a mise dans la baignoire et prendre une douche. Vais-je seulement arriver à m'asseoir là-dessus ? Je roule vers la salle de bain. On a remplacé la porte par un rideau pour que je puisse y entrer en fauteuil roulant. En rentrant, j'ai le comptoir à gauche, la baignoire à droite... et si j'avance encore, les toilettes à gauche, au fond. Pour l'instant, c'est dans le bain que je veux aller, alors j'arrête le fauteuil, mets les freins. Léa m'aide à me lever, descendre ma culotte… Là, il faut que je me retourne pour arriver à avoir les fesses vis-à-vis la chaise. Heureusement que quelqu'un me tient, je n'arriverais jamais à tomber dessus. Et j'ai si peur que la chaise bascule ! Une fois assise, les jambes encore à l'extérieur, il me faut l'aide de Léa pour arriver à avoir finalement les deux pieds devant moi. Non vraiment, je n'aime pas ça du tout, il va falloir que je trouve autre chose !

- La prochaine fois, Léa, je vais essayer d'entrer d'abord dans le bain… tu accepteras de m'aider ?

- Bien sûr… je crois que tu as raison…

Elle ferme le rideau…. Je me lave, m'assèche…

- Léa, veux-tu me donner mes sous-vêtements s'il te plaît ?

- Les voilà. Veux-tu que je t'aide à mettre ton soutien-gorge ?

- Non, il faut que je pratique…

Toujours assise en équilibre instable sur la chaise en plastic, j'enfile la bretelle gauche dans le bras droit, comme on me l'a montré et je réussis à compléter l'opération jusqu'à la phase ultime : l'attacher … Là, il me faut bien un gros 5 minutes avant de réussir à faire entrer l'agrafe dans la boucle. Décidément, je vais demander à Danielle d'aller m'acheter un soutien-gorge qui attache en avant, ça devrait être plus facile ! Je monte ma culotte le plus haut possible et comme je ne peux me lever de cette chaise seule, j'appelle Léa :

- Veux-tu, je vais essayer de me lever dans le bain… Mais non, après quoi veux-tu que je me tienne ? Vincent a fait poser cette maudite barre toute croche et elle est derrière moi… elle ne sert à rien…

- Veux-tu prendre mon bras pour t'appuyer ?

- Mais non, je ne peux pas. Mon bon bras, le gauche est dans le fond du bain, je ne pourrai jamais m'appuyer de si loin… Il va falloir recommencer ce qu'on a fait tout à l'heure…

- Mais comment vas-tu faire pour te sortir les jambes de là?

- Danielle m'a conseillé de mettre mes souliers avant de sortir.

- Ça, c'est une bonne idée.

- Attends, je vais essuyer le fond... donne-moi mes chaussettes et mes souliers s'il te plaît.

- Voilà.

Et je me chausse... C'est difficile d'enfiler l'orthèse dans si peu d'espace, mais j'y arrive avec l'aide de Léa.

- Bon, maintenant, allons-y. Attends, d'abord, je vais me tenir au mur... et toi, peux-tu m'aider à soulever mes fesses ?

- Attends, il faut que je me place de ce côté... Voilà, on y va ?

- Un, deux, trois... et h...o..p !

Me voilà debout. Après bien des efforts, je réussis, avec l'aide de Léa, à sortir mes deux jambes de là.

- Assis-toi sur ta chaise roulante... Bon, veux-tu finir de t'habiller dans ta chambre ?

- Oui, ça va, merci ! Danielle vient justement me voir cet après-midi, il faut que je lui raconte ça.

- C'est ton amie infirmière ?

- Oui.

Avant son arrivée, il faudrait bien que je prenne « ma marche ». Un peu avant que je quitte l'IRM, Liliane a commencé à me faire marcher avec une marchette. Je ne sais pas trop pourquoi, je ne le lui ai même pas demandé... C'est peut-être parce que c'est plus facile : je dois être moins penchée du côté gauche qu'avec ma canne. Une marchette, c'est comme un support à trois côtés qui tient seul à terre. Si on réussit à le tenir fermement, il donne un bon appui qui permet de soutenir le corps pendant qu'on avance les pieds... Comme mon côté droit est paralysé, Liliane a d'abord cru qu'il ne fallait pas penser à cet appui parce qu'il faut tenir chaque côté avec les mains, mais comme je suis spastique, si on me met quelque chose dans la main droite, elle se resserre, tient fort et peut donc se cramponner à la poignée. C'est peut-être pour ça qu'elle a décidé d'essayer. Alors, il faut que je pratique la marche tous les jours avec cet engin. Je sais que si je ne marche pas le matin, je ne le ferai pas. Je fais le tour de la cuisine qui est grande, mais je ne dépasse pas cinq minutes.

Avec tout ce temps passé au bain, ma marche de cinq minutes qui revient à quinze si l'on compte l'installation et le rangement, il est déjà presque midi. Léa me demande :

- Qu'est-ce que tu manges le midi ?

- Oh, pas grand-chose, des restants, s'il y en a, ou une soupe ou un œuf, s'il n'y a rien… Et toi ?

- Moi aussi, je mange ce qu'il y a…

Elle regarde dans le réfrigérateur :

- Il y a un restant de pâté chinois… du poulet… Oh, il y a du blé d'Inde. Il y a aussi de quoi faire une salade…

- Que dirais-tu d'un blé d'Inde et une salade ?

- Parfait, je te prépare ça…

Pendant qu'on mange, le téléphone sonne, Léa répond :

- Allo.

- …

- D'accord, je vais lui dire…. Au revoir !

- C'est Danielle. Elle te fait dire qu'elle sera ici à 2h.

- … …

Mon amie apparaît à l'heure convenue :

- Allo!

- Allo, tu es à l'heure.

- N'est-ce pas ? J'ai fait du progrès, hein ?… Mais non, c'est seulement qu'il n'y a pas de circulation. Alors, comment ça va ?

- Viens t'asseoir, il faut que je te raconte le bain. Je le savais que ce n'était pas faisable, eh bien, j'avais presque raison ! Tu aurais dû nous voir toutes les deux dans la salle de bain.

- Je te l'ai dit, il va te falloir M. Bisaillon. Tu devrais voir comment il a organisé son fils qui est quadriplégique pour qu'il puisse faire de la photo. Je lui ai parlé de tes problèmes. Il attend que tu l'appelles.

- Ah oui ?

- Oui, tu l'appelles, tu lui expliques tes problèmes, il te propose des solutions, tu choisis et il t'installe ce qu'il te faut.

- Mais c'est extraordinaire !

- Oui, profites-en ! Voici son numéro, veux-tu lui téléphoner tout de suite ?

- Pourquoi pas ? Viens.

On se rend au téléphone de la cuisine, je compose le numéro… il est là. Il viendra demain voir comment on pourrait arranger ça.

Le lendemain … :

- Bonjour... vous l'aimez l'appuie-main dans l'escalier?

- Ah oui, c'est sûr !

Quand il a été question que je commence à monter l'escalier, c'est à lui qu'on a demandé de venir poser une rampe du côté où il n'y en avait pas.

- Alors maintenant, c'est autre chose, hein ?

- Oui, si vous pouvez me trouver un truc pour que je puisse prendre un bain comme tout le monde, je vous devrai une fière chandelle.

- C'est bien sûr qu'on va t'arranger ça, montre-moi !

- C'est par là.

- As-tu une idée de ce que tu voudrais ?

- Oui … un peu… Vous comprenez… il faut d'abord que je puisse entrer et sortir du bain… Alors, il me faudrait une barre solide au bout du bain… Je m'agripperai après cette barre pour descendre dans le bain… Il faudrait qu'elle soit placée à la bonne hauteur pour que je sois capable de la rejoindre en m'étirant. Ça me donnerait un élan pour me relever, vous voyez ?

- Oui, je comprends.

- Avez-vous une meilleure idée ?

- Je ne crois pas, tu sais, c'est toi qui sais ce que tu peux faire.

- Oui, mais c'est vous qui avez les idées. Sans compter que je ne sais même pas si j'y arriverai.

- Je crois que ton idée est bonne… et si tu ne réussis pas, j'essayerai de trouver autre chose, ça marche ?

- J'espère que je vais être capable.

- Bon, alors, allons-y. Il faut que je prenne les mesures… Peux-tu te lever debout ?

144

- Oui, mais l'idéal serait que je m'assoie dans la baignoire pour que vous puissiez voir à quelle hauteur mettre la barre. Mais je n'y arriverai jamais.

- Ce ne sera pas nécessaire, je crois. Si je me trompe, je reviendrai la changer de place...

Il prend ses mesures et ajoute :

- Bon, ça devrait aller. Y a-t-il autre chose ?

- Non, je ne crois pas. Pas pour l'instant en tout cas.

- Si tu en trouves d'autres, tu n'as qu'à me téléphoner. Pour l'instant, j'achète ce qu'il faut et je reviens te poser ça demain, ça va ?

- Oh oui, vous êtes mon sauveur. Je ne pourrai jamais vous remercier assez.

- Tu sais, j'en ai vu du monde mal pris dans ma vie. Si je peux aider, tant mieux.

Et le lendemain, il revient aménager ma salle de bain pour que je puisse m'y laver normalement. Il devrait aller travailler à l'IRM ce bon monsieur. J'ai si hâte de prendre un bain. Mais aujourd'hui, j'ai autre chose à faire, Marie-hélène vient avec moi chez le marchand de souliers orthopédiques. Ça fait assez longtemps que je me promène avec ces souliers de bonne sœur qu'on m'a achetés quand j'ai commencé à marcher.

Quand on rentre dans le magasin, un vendeur s'approche :

- Voulez-vous vous asseoir ? dit-il en m'indiquant une chaise.

- Merci.

- Qu'est-ce qu'on peut faire pour vous ?

- Il me semble que je devrais porter des bottillons, ça me tiendrait la cheville un peu, qu'en pensez-vous ?

- Vous voulez des chaussures orthopédiques ?

- Si c'est nécessaire, mais qu'en pensez-vous ?

- Si vous voulez des bottillons, ce ne sera pas nécessaire. D'ailleurs, c'est une bonne idée, attendez, je vais vous montrer ce que j'ai.............................

- Voilà.

Il suit mes indications pour me mettre la chaussure avec l'orthèse et le tour est joué.

- Ça va ?

- Ça va parfaitement, vendus ! Regarde Marie-hélène, demain, je vais à l'IRM chercher mon fauteuil roulant, je vais être chic, hein ?

- Oui, mais tu n'as pas peur d'avoir chaud là-dedans ?

- Non, c'est bien.

- Bon, c'est toi qui le sais.

- Tu comprends, c'est l'automne bientôt, ça ne vaudrait pas la peine d'acheter des petits souliers… Et puis, je ne vois pas ce que je pourrais acheter…

- C'est vrai, aussi bien attendre à l'année prochaine…

****

Une chance que le vendeur m'a laissée partir avec mes bottillons hier : il a enfilé les lacets comme il faut et tout est prêt pour que je les mette ce matin. Il faut que je me hâte, j'ai rendez-vous à l'atelier à 11h pour y prendre mon fauteuil roulant fait sur mesure. J'espère qu'il sera moins laid que ceux de l'Institut. Ils sont tous orange vif. On ne peut pas les manquer, ils se voient à distance.

En arrivant à l'IRM, je m'assois pour la dernière fois dans le fauteuil orange que je vais remettre à l'Institut en échange de celui qui a été fait pour moi. Nous entrons toutes les trois, Léa, Marie-hélène et moi et nous nous dirigeons vers l'Atelier où il faut attendre notre tour. Heureusement, ce n'est pas bien long avant qu'on m'appelle… Je sors de là assise sur un beau fauteuil noir tout neuf.

- Ça vaudrait la peine d'aller montrer ça au médecin ? Seriez-vous d'accord ? Ça ne sera pas long.

La dernière fois que j'ai vu Liliane, elle m'a conseillé de mettre le médecin au courant du départ de Vincent. Ce serait une bonne occasion de le faire.

- Vas-tu pouvoir le voir ? demande Marie-hélène.

- Je ne sais pas, il est peut-être à son bureau. Vous venez ?

- D'accord, dit Léa en poussant ma chaise. Tu sais où il est, son bureau ?

- C'est au rez-de-chaussée au fond.
- Allons-y.

En arrivant au bureau, la secrétaire me salue :
- Est-ce que le docteur est là ?
- Oui.
- Pouvez-vous lui demander si je peux le voir deux minutes ?

Elle prend le téléphone et lui demande.
- Il vous attend.
- Merci …
- Bonjour Docteur.
- Bonjour, entrez.

Marie-hélène et Léa s'assoient dans le corridor et il referme la porte.
- Comment ça va ? Qu'est-ce qu'on peut faire pour vous ?
- Je suis venue vous montrer mon fauteuil, merci. Aussi, je voulais vous dire que mon mari a quitté la maison…
- Ah oui ? Comment ça ? Je pensais que ça allait bien ?
- Oh, vous savez, il a besoin d'une femme pour prendre soin de lui et je ne faisais plus l'affaire… alors il en a trouvé une autre. Vous comprendrez que j'ai vraiment besoin d'aide.
- La travailleuse sociale vous a téléphoné ?
- Non.
- Alors, la personne qui est avec vous ?
- Je l'ai engagée dans une agence. Et ça me coûte $400,00 par semaine !
- Il faut trouver autre chose…
- Comment ?
- Je vais dire à la travailleuse sociale d'y voir.
- Merci.
- À part ça ? Vous avez un rendez-vous avec moi bientôt ?
- Oui, je pourrai vous donner des nouvelles alors. Merci, au revoir.
- Au revoir.

Quand je sors du bureau, il est presque midi.
- Alors, les filles, vous avez faim ?
- Oui, un peu, dit Marie-hélène.

- On pourrait aller manger à la maison…, s'empresse de dire Léa.

- J'aimerais voir l'orthophoniste avant de repartir, vous voulez bien ?

- D'accord.

- Vous voulez manger à la cafétéria ou au casse-croûte ?

On choisit le casse-croûte, il est à l'étage des orthophonistes…

Quand Michèle me voit arriver :

- Bonjour Thérèse, comment ça va ?

- Ça va mieux, mais ce n'est pas encore parfait comme tu peux le voir.

- Tu n'as pas chaud avec ces bottillons ?

- Non, ça va, tu sais, je ne cours pas.

- Une chance, tu sais, je ne t'ai pas revue avant de partir, j'étais en congé pour finir ma thèse, mais j'ai eu les nouvelles. Tu veux retourner enseigner ?

- Oui, mais Joël m'a demandé de ne pas y retourner avant un an.

- Tu sais, ce n'est pas facile enseigner.

- Ça fait dix ans que je fais ça et je n'ai jamais trouvé cela difficile.

- Tu ne rentreras pas à temps plein, j'espère ?

- Je ne sais pas, il faut que je revoie Joël avant.

- Quand ça ?

- Au printemps. Il va me téléphoner.

- En tout cas, penses-y bien.

- Mais oui, ne t'inquiète pas.

- Au fait, tu te souviens du cahier d'exercices de perception et de lecture que tu m'avais apporté ?

- Oui, c'est mon cours de lecture.

- Je l'ai prêté à ma collègue, elle l'a apprécié.

- Je pourrais vous préparer des exercices pour les aphasiques si je savais ce qu'il vous faut.

- Ah, c'est vrai ? Ça serait intéressant, il faudrait qu'on en reparle.

148

- Pas aujourd'hui, Marie-hélène et Léa m'attendent. Je reviendrai te voir.

- D'accord, au revoir.

- Au revoir.

Et la visite est terminée, c'est agréable d'aller à l'IRM en visite.

****

En fin de semaine, ma femme de ménage, Pauline, est venue prendre la relève de Léa. Elle passe presque tout son temps dans la cuisine… C'est maman qui fait les courses. Son épicier a accepté de venir jusque chez moi faire la livraison de ma commande qu'elle complète en même temps que la sienne. Alors quand les gens qui m'aident veulent préparer de la bouffe, ils n'ont qu'à ouvrir la porte du réfrigérateur pour choisir… C'est ce qu'a fait Pauline et aujourd'hui, elle s'est mise à préparer un poulet !

Tout à l'heure, j'ai eu un téléphone de Carl, ce gars qui était à l'IRM suite à une tentative de suicide. Il veut me voir : on va aller manger au restaurant ensemble cette semaine. Il aurait voulu y aller aujourd'hui, mais je reçois mon amie Liette avec son ami Guy, ils ont été si assidus à venir me voir toutes les semaines à l'IRM. Je les ai invités avant que Liette ne commence sa session au collège. Comme d'habitude, mon amie n'a pas oublié l'anniversaire de Marie-hélène, elle arrive avec un cadeau pour elle. C'est ainsi que la soirée commence et se passe sur un ton enjoué.

****

C'est ce soir que je sors avec Carl, on va souper à La Diligence, c'est un restaurant qui est au coin de la rue chez nous. Carl m'y amène en voiture parce que même si c'est à cinq minutes, il me faudrait bien une heure pour m'y rendre sans compter la fatigue. Je crois que je ne me rendrais jamais. Il me dépose près du restaurant, m'ouvre la porte, me remet entre les mains du placier avant d'aller stationner sa voiture. Il revient à la table qui nous a été assignée en disant :

- Bon, maintenant on va prendre une bonne bouffe, as-tu choisi ?

- Pas vraiment… J'hésite… Je prendrais bien du poisson, mais ici ils vont me servir un steak de saumon, c'est un steak house. J'ai peur que ce soit trop sec, je crois que je prendrai plutôt une brochette.

- C'est une bonne idée, mais moi, je vais prendre un bon bifteck saignant. Avec ça, une bonne bouteille de vin ?

- Ce n'est pas de refus, alors, changement de sujet, comment ça va ?

- Ohhhh, pas si mal ! Mais les temps sont durs : je suis retourné chez mes parents…. Je ne sais pas ce que je vais faire… Travailler ? Étudier ?

- Qu'est-ce qui te tente ?

- Rien…….

Là-dessus, le serveur vient nous porter le vin……………

- Santé !

- C'est le cas de le dire : santé !

- Mais qu'est-ce que tu fais de tes grandes journées ?

- Pas grand-chose… Tu sais, je souffre encore d'incontinence… Ça peut me prendre n'importe où, tout à coup, comme ça, je sens mes pantalons tout mouillés.

- Tu ne peux rien faire pour prévenir ça ?

- Non pas vraiment, c'est ça ou la sonde. Me vois-tu me promener en traînant une sonde ?

- Ça non, c'est sûr !

- Il paraît que c'est normal, que ça va revenir tout seul.

- Oui, mais en attendant…

- Bon, laissons ça, ce n'est pas intéressant …

Le repas arrive, Carl coupe ma viande :

- Tiens, tu en as assez pour commencer ? Je couperai le reste après.

- Merci.

- Et toi ? Comment t'arranges-tu ?

- Oh, pour l'instant, ce n'est pas si mal, mais ça coûte cher.

- L'Institut ne te fournit pas de l'aide ?

- Ne m'en parle pas, depuis le mois de juin, la travailleuse sociale est censée me trouver quelqu'un, mais elle ne m'a jamais téléphoné. Le médecin lui a déjà dit de s'en occuper, mais je n'ai pas de nouvelles. Il doit lui redire…

- C'est incroyable !

- D'autant plus que celle que j'ai trouvée dans une agence doit partir à la fin août, c'est une étudiante et l'agence me demande si cher que même si elle pouvait rester, je ne pourrais pas la garder…

- Ma sœur a une jeune fille de la Gaspésie qui reste chez elle pour s'occuper de ses enfants. C'est quelque chose comme ça qu'il te faudrait… Elle a une sœur qui étudie à l'Université… Je ne sais pas si elle pourrait t'aider… Veux-tu que je lui demande ?

- Bien sûr, mais, tu sais, il faudrait qu'elle demeure chez moi.

-Oui, oui, je ne sais pas où elle demeure présentement, mais comme l'année scolaire n'est pas commencée, elle pourrait peut-être se défaire de son engagement… Ça, c'est si elle veut travailler chez toi en même temps qu'elle étudie !

- Tu peux le savoir demain ? C'est la dernière semaine de Léa.

- Oui, je vais te téléphoner demain.

- Ce serait vraiment une chance si ça fonctionnait. Tu la connais, toi, cette fille ?

- Oui, je l'ai déjà rencontrée.

- Elle a l'air de quoi ?

- Oh, elle est assez jolie…

- Arrête donc, tu sais bien que ce n'est pas ça que je veux savoir.

- Je ne l'ai vue qu'une fois… je lui ai parlé un peu… ce n'est pas assez… Je ne sais pas, moi, mais j'essaierais…

- Oui, c'est vrai, on ne peut pas vraiment savoir de toute façon…

La soirée est avancée quand on décide de rentrer. Et c'est le cœur rempli d'espoir que je m'endors…

CHAPITRE 11

Automne 1982

Comme je suis en contact avec quelques membres du département de français où je travaille depuis dix ans, mes collègues connaissent ma situation précaire et savent que je suis à la recherche d'une personne fiable pour s'occuper de la maison, et de moi lorsque c'est nécessaire. La pauvre Marie-hélène doit endurer de ne plus vivre avec ses deux parents et, en plus, elle doit subir cette présence d'une étrangère. Pour l'instant, Léa est encore là et toute discrète, elle s'arrange pour ne pas nuire à notre intimité. Mais elle doit partir, l'année scolaire commence et elle ne m'offre pas de rester…

Je suis chanceuse, du moins je le crois : une collègue connaît une ex-infirmière, Jeanne, qui viendrait me dépanner à raison de $300 par semaine ! C'est cher, mais légèrement moins que l'agence… Je ne sais vraiment pas comment je vais arriver à joindre les deux bouts. Léa a déjà fait descendre mes maigres économies à zéro, mais je n'ai pas le choix. Il faut ce qu'il faut ! Je convoque donc la dame à un rendez-vous. Je ne sais même pas ce que je dois évaluer en la rencontrant. Quelles questions lui poser ? Quelles réponses attendre ? Je veux quelqu'un qui ait de l'allure, qui soit capable de se débrouiller dans une maison…, mais elles vont toutes me dire qu'elles ont ces qualités. Je la reçois donc. L'entrevue n'est pas longue. J'engage.

Il ne me faut pas beaucoup de temps pour me rendre compte de ma gaffe. Madame apporte sa télévision. Elle s'enferme dans sa chambre le soir. Dans le fond, je ne suis pas fâchée de ça, au moins, on a la paix, Marie-hélène et moi. Mais ce n'est pas agréable d'avoir dans sa maison quelqu'un qui se prend pour une infirmière, qui se croit indispensable (même si c'est vrai) et qui, même si elle est grassement payée pour ce qu'elle fait, fait sentir qu'on lui doit une fière chandelle parce qu'elle prépare les repas.

Je passe mes journées dans mon bureau. Maintenant que j'ai rangé mes nombreux papiers puisque je venais d'emménager quand j'ai eu l'accident, je commence à préparer mon cours. Depuis que j'ai fait une recherche sur la lecture, j'ai décidé de créer un corpus d'exercices qui apprendra aux étudiants à se servir de techniques pour lire avec efficacité. J'ai pensé sélectionner les textes dont j'ai besoin dans les champs de concentration qu'on offre aux étudiants. Alors, il faut que je les trouve ces textes. Je vais commencer par voir ce que je peux trouver dans ma bibliothèque, puis j'irai au collège chercher ce qui me manque. Je suis quand même pas mal occupée. Ça m'évite de côtoyer madame. Le seul problème : j'ai des traitements à l'IRM trois fois par semaine et madame, dans toute sa grâce, m'a offert de m'y amener...

- Ce n'est pas long, un traitement, je t'attendrai...
- Si tu veux...

Et elle ne se contente pas de m'attendre dans la salle d'attente, elle pousse mon fauteuil jusqu'à la salle des traitements et elle reste là. Heureusement, Liliane est accueillante. Je dois vivre en proche compagnie de madame à peu près trois heures.

Liliane me demande :

- Puis dans l'escalier, comment ça va ?
- C'est rendu que les autres ont bien plus peur que moi.
- Tant mieux, alors, on n'a pas besoin d'y retourner ?
- Non, je ne crois pas. J'ai des progrès à faire, mais ça ne donnerait pas grand-chose que je pratique ici puisque j'ai un escalier chez moi.
- Alors, on va marcher.
- D'accord, ça va marcher.

Je fais maintenant un aller-retour dans le corridor adjacent à la salle de traitement, ce n'est pas si mal. Ce qui m'énerve dans la marche, ce n'est pas de mettre un pied devant l'autre, c'est qu'à chaque pas que j'avance avec le pied gauche, le bon, il faut que je me tienne sur le droit... et je n'ai pas confiance en lui. J'ai toujours l'impression qu'il ne suffira pas à la tâche et que je vais me retrouver à terre. Alors, en pseudo-compensation, j'appuie de toutes mes forces sur ma canne, ce qui me donne une allure un peu croche. Liliane, à côté de moi, passe son temps à me redresser la hanche droite…

Après le traitement, Jeanne et moi mangeons à la cafétéria avant de revenir à la maison.

Cet après-midi, je travaille dans mon bureau, comme d'habitude. Le téléphone sonne juste au moment où je pars pour la toilette. C'est Louise qui m'appelle pour prendre de mes nouvelles. On placote, on placote, on rit… si bien qu'à un moment donné, je sens que je ne peux plus retenir mon envie d'uriner… Je laisse vite Louise, j'appelle Jeanne en me dirigeant vers la salle de bain.

- Je me suis échappée…
- Comment ça ?
- Ben oui, j'ai fait pipi dans mes culottes.
- À ton âge !?
- C'est un accident… Pendant que je vais à la toilette et que je me change, peux-tu nettoyer ma chaise, s'il te plaît ?

J'ai appris plus tard, quand j'ai raconté l'incident, que, comme Carl à qui ça arrive souvent, je pouvais moi aussi avoir ce problème parce que ces fonctions ont été arrêtées trop longtemps. Mais personne ne m'en a jamais parlé. Si j'avais su, j'aurais demandé à Louise de me rappeler plus tard puisque j'avais envie d'uriner quand j'ai répondu au téléphone.

****

Même si je suis très occupée dans mon bureau, mon univers est restreint. Pour me distraire, moi qui ne mets le nez dehors que pour aller à mes traitements, papa et maman ont décidé de me rendre visite à tour de rôle une fois par semaine. Aujourd'hui, c'est le tour de papa :

- Bonjour papa.
- Bonjour.
- Oh merci, tu m'as acheté du café, je vais te le payer.
- Non, laisse faire, c'est comme pour les commissions… Tu dois arriver juste de ce temps-ci.
- Pas mal, oui.

- Eh bien, on va t'avancer ça, ta mère et moi.

- Oh merci beaucoup.

Comme ils sont aimables mes parents, ça allège un peu mon fardeau. La SAAQ a décidé du montant des frais qu'elle me rembourse pour l'aide à domicile. La Société a établi un système assez bizarre. Elle a imité la rémunération des médecins. Elle paie à l'acte. Si on a besoin de quelqu'un pour se laver, c'est tel montant, quelqu'un pour préparer les repas, un autre montant... et ainsi de suite. Et leur total me donne $400,00 par mois, mais je dois payer presque ce montant par semaine. Quand je reçois la décision rendue, ça fait plus d'un mois que je paie les gros montants. Au bas de la lettre que j'ai reçue, il est écrit :

DROIT À LA RÉVISION

Si vous estimez que cette décision ne respecte pas vos droits, vous disposez de 60 jours, à compter de la date de la présente lettre, pour demander une révision.

Je demande à papa :

- Qu'est-ce que tu en penses ? Devrais-je contester ?

- Oui, certainement !

- J'ai commencé à préparer un brouillon de lettre, veux-tu regarder ?

- Oui, bien sûr.

Il lit.

- Je vais apporter cela à la maison et je vais te l'améliorer, d'accord ?

- Oui, merci.

Et il me demande :

- Comment est-elle ta nouvelle aide ?

Comme elle n'est pas loin, je lui réponds d'un air exaspéré :

- Oh, ça va.

- Elle t'amène à l'Institut pour tes traitements ?

- Oui.

Et nous continuons à échanger... Ainsi, l'après-midi passe.

Aussitôt m'a-t-il quittée, le téléphone sonne :

156

- Oui, allo.
- Thérèse ?
- Oui, elle-même.
- C'est Jules, te souviens-tu de moi? Je te rencontrais après trois heures au sous-sol à l'IRM?
- Oh oui, bien sûr ! Comment vas-tu ?
- Ça va très bien, je suis inscrit en médecine à l'université.
- C'est beau ça, vas-tu prendre une spécialité ? Physiatrie ?
- Non, je ne sais pas encore... Et toi, comment ça va ?
- Oh, ça va, je suis allée à Sainte-Agathe et au bord de la mer cet été, comme je t'en avais parlé, et maintenant, j'ai repris les traitements trois fois par semaine...
- Comment t'organises-tu chez toi ? As-tu de l'aide ?

Je lui raconte comment je m'en suis sortie et comment je m'en sors encore... Heureuse d'avoir de ses nouvelles, je converse longtemps avec lui et il me demande de lui écrire pour lui donner d'autres nouvelles.

****

On est déjà en octobre. Même si je trouve que le temps ne passe pas vite parce que cette Jeanne me fait sentir les journées longues à l'endurer, je trouve que l'automne avance bien vite et je pense à l'hiver. Comment vais-je arriver à me rendre à la voiture dans la neige... la glace... ?

En attendant, je continue mon petit train-train : des exercices deux fois par jour, un bain aux deux jours, les traitements trois fois par semaine, la préparation de mon cours et le ménage dans mes papiers... Sans compter qu'il faut maintenant que je paie moi-même les factures. Ça, c'est tout un contrat : assise à mon pupitre, je sors les enveloppes (Hydro, Bell...). Pour les ouvrir, je les place entre mes deux jambes et j'arrive tant bien que mal à passer le coupe-papier où il faut... Je dois prendre mon temps pour arriver à tirer dessus de façon à ouvrir l'enveloppe à la bonne place... Ensuite, je sors le livret de chèques. C'est bien petit, mais grâce au carton-couverture, ça tient et je peux écrire assez bien. Puis, il faut arracher ce chèque. Là, ça me prend mes dents : si je ne veux pas tout briser, il faut que je morde le carnet à la bonne place avant de tirer sur le chèque. Ça se fait très bien comme ça. Ensuite, prendre le coupon de caisse et le placer dans l'enveloppe avec le chèque est une opération délicate. Pour y arriver facilement, il faut que j'appuie l'enveloppe sur quelque chose ou sur moi-même. Enfin, je détache un timbre et essaie de le coller le plus droit possible.

Hier matin, j'ai reçu un téléphone d'un infirmier que je voyais souvent à l'étage à l'IRM, mais qui ne s'occupait pas de moi. Il voulait venir me rendre visite. J'ai trouvé son attention gentille et l'ai invité. Il vient cet après-midi. Ça tombe bien, je suis seule parce que vendredi, Jeanne m'a donné son congé. Pauline est restée jusqu'à ce matin et maman doit arriver vers quatre heures.

Ça sonne à la porte, le voilà ! Je me hâte d'aller répondre parce que ça me prend toujours bien du temps.

- Allo Rémi.

- Bonjour Thérèse, tu as l'air bien.

- Je suis mieux que j'étais, mais ce n'est pas encore parfait.

- Ça va venir, tu vas voir.

- Où veux-tu t'asseoir ? Salon ? Cuisine ?

- Tiens, allons à la cuisine, je vais te préparer une collation.

- Je ne prends jamais de collation.

- Aujourd'hui, tu vas en prendre une … As-tu des bananes ?

- Oui, je pense.

- Veux-tu que je te prépare un beau petit dessert ?

- Si tu veux, mais pas trop riche, je n'en mange presque jamais.

- Tu vas voir, c'est bon ! Va t'asseoir dans le salon, je vais te servir là. Viens, je vais t'aider, aujourd'hui, c'est moi qui m'occupe de toi, d'accord ?

- Mon Dieu, qu'est-ce qui se passe ?

- Veux-tu que je te mette de la musique ?

- Tu peux bien allumer la radio, là.

- Voilà, attends un peu, ça ne sera pas long. Oh, tu as de beaux disques ! Je peux en faire jouer un ?

- Bien sûr.

158

- Viens, je vais t'amener au salon. Quel fauteuil aimes-tu le mieux ?

- Celui-là dans le coin... C'est le seul duquel je peux me lever...

- Veux-tu que je t'aide à faire le transfert ?

- Non, merci, je peux le faire seule et il faut que je pratique, ce n'est pas encore facile.

Je me lève, me tourne sur moi-même et me laisse tomber dans le fauteuil...

- Voilà, madame peut attendre quelques minutes ? Je reviens.

Il court à la cuisine et ce n'est pas bien long qu'il revient avec un petit plat garni de sauce au chocolat. C'est appétissant !

- Merci.

- Tu sais, la prochaine fois, je t'amène au restaurant, chez Gibbys.

- Wow ! Es-tu fou ?

- Non, il n'y a rien de trop beau pour toi !

J'ai à peine le temps de dévorer son petit plat qu'il me dit :

- Maintenant, je dois partir. Ça m'a fait plaisir de te voir, je te rappelle.

- Tu t'en vas déjà ?

- Oui, je travaille à 4h. Mais je vais revenir, d'accord ?

- D'accord.

Il s'en va...

Je m'en vais à la cuisine pour y attendre maman. Je pense qu'il faut que je fasse venir mes médicaments demain. Je vais regarder si j'ai assez d'argent... En ouvrant mon sac, je ne vois pas mon porte-monnaie. Il est petit, je comprends, mais d'habitude, je le mets toujours à la même place justement pour ne pas le chercher... Voyons... Je commence à m'énerver et je renverse le contenu du sac sur la table... Il n'y est pas... Ah non ! Dis-moi pas que ce gentil Rémi m'a si bien traitée pour se payer lui-même... Heureusement, mes cartes sont dans un autre étui ! Et il est là, lui.

Quand maman arrive :

- Tu ne sais pas quoi maman ?

- Non.

- Je viens d'avoir la visite d'un infirmier de l'Institut. Il m'a volé mon porte-monnaie.

- Comment ça ? T'a-t-il bousculée ?

- Non, il m'a fait asseoir dans le salon pendant qu'il me servait de la crème glacée... et mon sac est toujours dans la cuisine, tu comprends ? Il m'a servi un petit plat et s'est servi dans mon sac... mais je n'ai même pas pensé à ça.

- Il faut toujours faire attention. Tu ne sais jamais à qui tu as affaire.

- C'est le cas de le dire.

- Avais-tu beaucoup d'argent ?

- Non, je ne sais pas, mais si je m'en suis aperçue, c'est que je voulais voir si j'en avais assez pour faire venir la pharmacie ! Alors, je ne devais pas en avoir beaucoup. Mais ce n'est pas pour l'argent, c'est mon beau petit porte-monnaie. Je n'en trouverai sûrement pas un autre comme ça.

- Je vais te donner un peu d'argent en attendant.

- Merci.

Cette semaine, maman reste avec nous tant que je ne trouverai pas quelqu'un pour m'aider. J'ai téléphoné au Devoir vendredi pour mettre une annonce. J'ai reçu deux appels en fin de semaine. Je rencontre la première personne ce soir et, si ça ne marche pas, l'autre viendra me voir demain. Je suis dans la cuisine pour tenir compagnie à maman qui prépare le souper quand Marie-hélène arrive de l'école. Ma grande fille m'embrasse avant de sauter au cou de sa grand-mère !

- Bonjour, grand-maman, tu es venue nous voir ?

- Jeanne est partie, je ne vais quand même pas vous laisser seules.

- C'est très gentil, qu'est-ce que tu nous prépares là ?

- Un pâté chinois comme tu les aimes.

- Mium... je vais faire mes devoirs tout de suite comme ça je pourrai rester avec vous deux tout à l'heure.

- Ça va bien à l'école ?

- Oui.

Après le souper, ça sonne à la porte à l'heure prévue. Je n'étire pas l'entrevue parce que je sens que ça ne marchera pas. Je vais attendre de voir l'autre, j'espère que ce sera mieux. Le lendemain, je me croise les doigts quand ça sonne… C'est une personne d'à peu près mon âge qui n'a rien pour me déplaire sans avoir rien pour me plaire. Je vais l'essayer. Elle me dit qu'elle reviendra demain. J'annonce la nouvelle à maman qui s'empresse de téléphoner à papa pour lui dire qu'elle rentrera à la maison demain.

Déjà, la première semaine, cette dame, que je vouvoie pour garder mes distances, me demande de lui faire poser une prise de téléphone dans sa chambre. Quand elle apprend que mes parents font les commissions, elle me dit de leur demander d'acheter une vadrouille X, car c'est seulement avec ça qu'elle nettoie le plancher. De plus, elle semble vouloir exercer de l'ascendant sur moi. Elle veut jouer à la mère. Pour éviter toute relation de ce genre, je me sauve dans mon bureau aussitôt les repas terminés. Quand Marie-hélène arrive de l'école, je reste avec elle dans la salle à manger ou dans sa chambre. Je ne veux pas qu'elle subisse l'autorité ou même le charme de cette personne.

****

Danielle arrive les mains pleines cet après-midi, elle est allée faire des courses pour moi :

- D'abord, je t'ai trouvé un soutien-gorge qui s'attache en avant. J'espère que ça va te rendre la tâche plus facile.

- Ça devrait, merci beaucoup.

- À part ça, j'ai trouvé des napperons qui ne bougent pas sur la table quand on les essuie, c'est parfait pour toi qui ne peux les tenir, hein ?

- Bien oui, je ne pensais pas que ça existait.

- Et enfin, un ouvre-boîte électrique dont tu vas pouvoir te servir d'une main… du moins je crois. Veux-tu l'essayer pour qu'on voie ? Sinon, je vais le rapporter.

- Bien sûr, viens, on va prendre une boîte.

Nous allons à la cuisine. Danielle prend une boîte :

- Regarde… Tu le prends comme ça… Tu mets la boîte sur le torchon humide pour qu'elle tienne… Une fois l'ouvre-boîte bien enclenché, il te suffit d'appuyer là et le tour est joué.

- Donne… … … Voilà, ça marche, merveilleux, je peux ouvrir une boîte !

- Viens-tu ? On va s'asseoir un peu, j'ai une petite demi-heure avant d'aller chercher les filles.

- Tu es vraiment aimable de me rendre tous ces services.

- Tu sais bien que ça me fait plaisir.

Et elle me raconte comment elle est tombée en amour lors de son voyage dans le sud.

****

Je n'ai vraiment pas le temps de m'ennuyer ! Hier, c'est l'assistant-gérant de la Caisse populaire qui est venu faire un tour. Il n'avait rien de spécial à me dire. C'était seulement pour entretenir de bonnes relations. Il m'a même annoncé que l'administration a décidé d'organiser une entrée pour les fauteuils roulants.

C'est réellement surprenant de voir la bonté, le dévouement de cet homme à mon égard. Il ne fait pas cela parce que je suis riche, je n'ai vraiment pas d'argent. J'apprécie beaucoup ce geste gratuit …

Aujourd'hui, c'est l'ergothérapeute qui vient. La dernière fois que j'ai vu le médecin, je lui ai expliqué ma nouvelle organisation dans la salle de bain… Je lui ai dit :

- Peut-être que ce serait intéressant que l'ergothérapeute vienne voir comment je suis installée. Elle pourrait peut-être me dire s'il y a des choses que je pourrais améliorer.

- Tu es bien installée là ?

- Oui, mais je pourrais peut-être être mieux.

- Bon, d'accord, je te l'envoie… elle va te téléphoner.

Pour dire vrai, je veux tout simplement lui montrer ce qu'on peut faire pour réussir à prendre un bain sans planche ou chaise en plastic.

Ça sonne, la voilà qui arrive. Je l'amène à la salle de bain :

- Regarde, j'ai fait poser ces barres parallèles, c'est bien plus facile qu'avec une barre oblique. Tu veux que je te montre comment je fais ?

- Oui, si tu veux.

- Regarde, je me place devant la baignoire. Tu vois la barre au bout, ici, à ma droite. Je la prends solidement avec ma main gauche, j'entre le pied gauche et j'arrive à plier l'autre suffisamment pour le faire suivre.

Pendant que Sophie me regarde, je me place devant le mur pour me laisser descendre lentement. Comme j'ai de longs bras, j'arrive presque au fond avant de lâcher prise et mes fesses ne tombent pas de très haut.

- Tu vois, plus je plie les genoux, moins le saut est grand. Pour me relever, je fais le contraire : il faut vraiment que je me recroqueville en étirant mon bras pour arriver à attraper la barre. Là, il faut que je me donne un élan. C'est mon bras gauche qui supporte la pression, ce n'est pas facile, mais j'y arrive.

- Ouais, c'est beau ça !

- J'y suis arrivée toute seule. Y a-t-il quelque chose qui pourrait rendre ça plus facile ?

- Non, je ne crois pas.

- Pour le reste, ça va ? Tes assiettes, les as-tu mises dans les armoires du bas ?

- Non, je suis capable de me lever pour aller les chercher.

- Tant mieux.

- Je te remercie d'être venue…

- Ça fait partie de mon travail.

Et c'est tout, elle s'en va sans dire un mot de plus. Je suis satisfaite, mais j'aurais aimé qu'elle réagisse un peu plus.

****

C'est aujourd'hui que je rencontre cet avocat que mes amies anglaises m'ont proposé pour le divorce. J'ai travaillé à une recherche sur la lecture pendant une année avec elles. Elles sont venues me voir à la maison au printemps et, comme je leur ai parlé de mon divorce imminent, elles m'ont suggéré cet avocat qu'elles connaissent quand je leur ai dit que je cherchais quelqu'un. Son bureau est dans un de ces gros édifices du boulevard René-Lévesque. Je ne sais pas comment papa est arrivé à stationner si rapidement, mais comme il m'a laissée sur un banc près de la porte d'entrée, j'aurais pu l'attendre là plus longtemps sans avoir un mot à dire. Maintenant qu'il est là, nous nous installons dans la salle d'attente et ça ne prend que deux minutes avant qu'on vienne me chercher. L'avocat m'énonce les formalités, me pose quelques questions. Inquiète, je lui demande :

- Pouvez-vous me donner une idée des coûts ?

- Pas vraiment, ça dépend des circonstances. Si on ne doit se présenter en cour qu'une fois et que tout va bien, ça ne devrait pas dépasser beaucoup $1,000. (On est allés une seule fois à la cour, il n'y a eu aucun problème et la facture a dépassé $2,000.)

- Merci.

- Vous recevrez par la poste la date de convocation à la cour et je vous rejoins là. Mais n'oubliez pas, ça peut prendre un an.

- D'accord.

Une autre affaire de régler.

CHAPITRE 12

Hiver, été 1983

Ce matin, même si j'ai réussi à éviter de faire la conversation avec madame Dupuis (ma deuxième aide) depuis presque trois mois, je n'y échappe pas cette fois-ci. Je suis en train de siroter mon café lorsqu'elle vient s'asseoir à côté de moi avec un air de vouloir faire des confidences... :

- Je peux parler un peu avec vous ?
- Oui, pourquoi pas ?
- Vous savez, j'ai quelque chose à vous dire...
- Ah oui ?
- Moi aussi, j'ai des enfants... deux jumelles.
- Mais où sont-elles ? Pourquoi travaillez-vous ici ?
- Mes filles sont en foyer nourricier.
- Comment ça ?
- J'ai perdu la garde de mes filles, mon ex-mari m'a fait passer pour folle.
- Hein ?
- Ils ont posé un diagnostic de schizophrénie paranoïde.
- Vraiment ?
- Mais ne vous en faites pas, ce n'est pas vrai ... Vous savez, je ne pourrai pas rester encore longtemps... Vous permettez que je prenne le téléphone, il faut que j'appelle quelqu'un.
- Prenez-le.

Elle s'en va dans sa chambre avec le téléphone, ferme la porte. Moi, je sors de la cuisine pour aller faire jouer un disque dans le salon. Je reste là à écouter la musique... Elle n'est toujours pas sortie de la chambre lorsque ça sonne à la porte. Elle court soudainement pour aller répondre. Je m'avance le bout du nez dans l'entrée pour apercevoir.... mes parents !!! Les deux à part ça ! Toute hébétée, je ne peux ouvrir la bouche avant de voir madame Dupuis attirer maman dans sa chambre en fermant la porte. Papa vient s'asseoir dans la cuisine avec moi :

- Qu'est-ce qui se passe ? dis-je.

- Je ne sais pas, t'a-t-elle dit qu'elle s'en allait ?

- Elle m'a dit tout à l'heure qu'elle ne pourrait pas rester longtemps, mais elle ne m'a pas parlé de partir tout de suite.

- Eh bien nous, elle nous a téléphoné pour nous dire qu'elle partait tout de suite ! Alors, on a sauté dans un taxi.

- Qu'est-ce qu'elle fait là avec maman ?

- Je ne sais pas, je vais aller voir.

Juste comme il se lève, maman apparaît dans la porte. Madame Dupuis la suit :

- Venez monsieur.

- Pardon ?

- Venez ici, j'ai quelque chose à vous dire.

- Il n'en est pas question, vous partez tout de suite. Ramassez vos affaires et allez-vous en, je vous appelle un taxi !

- Non, non, pas avant de vous avoir parlé.

- Si vous ne partez pas tout de suite, j'appelle la Police.

Joignant le geste à la parole, il se lève et prend le récepteur du téléphone qu'elle vient de rapporter.

- Non, non, appelez-moi un taxi.

- Dépêchez-vous de ramasser vos effets !

Il sort de la cuisine, la suit et transporte sa valise près de la porte. Il attend à côté d'elle que le chauffeur de taxi sonne et descend la valise en bas. Pendant ce temps, maman me raconte :

- Elle nous a fait si peur que nous avons sauté dans un taxi pour arriver le plus vite possible.

- Mais qu'est-ce qu'elle t'a donc raconté ?

- Elle nous a dit de venir au plus vite si on ne voulait pas qu'il t'arrive quelque chose.

- Mon Dieu! … Et puis, qu'est-ce qu'elle te voulait dans la chambre?

- Imagine-toi donc qu'elle m'a fait agenouiller pour demander pardon… et elle ne voulait plus me laisser sortir de la chambre…

- Pauvre toi !

166

- Une chance que ton père était là !

Justement, le voilà qui revient :

- Bon, Madeleine, tu peux rentrer à la maison, je vais rester.

Et moi, toute désemparée, je ne vois plus d'avenues pour trouver de l'aide.

- Mais qu'est-ce que je vais faire ? dis-je inquiète. Je ne vais quand même pas mettre une annonce dans le journal.

- Mais non, le CLSC doit avoir une solution. Veux-tu téléphoner ?

- Oui, veux-tu me donner le bottin ?

- Voilà.

- Attends, il faut que je prépare mes questions… Il me faut quelqu'un qui demeure ici, fasse les repas, le lavage… des petites commissions.

J'appelle… On me dit qu'on va me poster la liste des services offerts. Encore du temps perdu, mais on me dit que la journée même où je choisirai les services que je veux, on m'enverra une personne.

Encore une fois, je suis chanceuse. Carl me téléphone. Quand je lui raconte mon histoire :

- Ça tombe bien. Tu sais, la fille dont je t'ai parlé qui étudie à l'université, elle a dit à ma sœur qu'elle était prête à te dépanner, surtout qu'elle a une semaine de congé.

- C'est vrai ? Elle viendrait tout de suite ?

- Probablement, attends que je téléphone à ma sœur et je te rappelle.

- Merci.

C'est ainsi que Julie est venue m'aider pendant deux courtes semaines pour me laisser le temps de négocier avec le CLSC. Tout a bien fonctionné pendant ce temps, c'était trop beau !

Quand je reçois la liste des services du CLSC, je l'examine aussitôt. Évidemment, il n'y a pas de service 24h par jour. Je téléphone :

- Comme je vous l'ai dit, je suis hémiplégique et je suis seule avec ma fille de sept ans. Je voudrais quelqu'un qui puisse demeurer chez moi au moins cinq jours par semaine, une domestique qui n'aurait pas à faire le ménage.

- ……. Attendez…. Je vais voir… J'aurais peut-être une jeune fille disponible… dans une semaine. Je lui demande… Si elle accepte, il faudra lui donner un petit salaire parce que ce n'est pas prévu dans notre convention…

- Bien sûr, croyez-vous qu'elle accepterait $150/semaine ?

- Probablement, je vous rappelle.

Cinq minutes plus tard, elle m'annonce que Josiane a accepté de venir la semaine prochaine. Encore une fois, j'ai l'impression d'être au bout de mes problèmes.

Dimanche soir, c'est une toute jeune fille qui arrive. Elle n'a pas l'air très enthousiaste, mais ça va. Elle est correcte. Elle me demande si elle pourra sortir demain, elle a un rendez-vous. Je lui explique :

- Demain, je dois aller à mes traitements. Ce qui compte, c'est que tu sois là quand je pars et quand j'arrive. Tu comprends, il faut descendre ma canne quand je pars et venir la chercher en bas quand j'arrive. Je ne veux pas que le chauffeur de taxi entre dans la maison si je suis seule…

- Ah bien sûr, il n'y a pas de problème. Je vais partir après toi et je reviens avant deux heures, ça va ?

- D'accord, mais il faut vraiment que tu sois là à deux heures.

- Promis.

Comme convenu, elle est encore là quand je pars… À l'Institut, je rencontre un voisin de chambre et sa femme. C'est un couple charmant. Lui a eu un accident cérébrovasculaire et comme moi, il est hémiplégique. Il a résidé à l'IRM les dernières semaines que j'y étais. Maintenant, nous sommes externes tous les deux.

- Comment es-tu venue ici ? demande sa femme.

- En taxi.

- Veux-tu que je te laisse en passant ?

- C'est gentil, mais est-ce que je demeure sur ton chemin ?

- Oui, on s'en va à Ville Saint-Laurent.

- Oh, j'oubliais, je ne peux pas arriver chez nous avant 2,30h. La jeune fille qui m'aide ne sera pas là.

On est en train de manger à la cafétéria :

- On n'est pas pressés, ça ira.

- Eh bien, merci beaucoup.

On en profite pour échanger les dernières nouvelles et on part doucement vers 2,15h. En arrivant chez moi, je demande :

- Peux-tu aller sonner pour demander à Josiane de venir m'aider ?

- Bien sûr.

Elle sonne... Ça ne répond pas, elle essaie encore... Quand elle revient à l'auto, elle n'a pas l'air très contente :

- Il n'y a personne, qu'est-ce qu'on fait ? Moi, je n'ai pas le temps de rester ici.

- Non, non ! Veux-tu seulement m'aider à rentrer et monter ma canne ?

- Il va bien falloir.

J'essaie de me hâter... mais je ne vais vraiment pas vite, je suis mal à l'aise et fâchée. Elle me laisse quand je suis bien rentrée dans la maison. Heureusement que je ne suis pas revenue en taxi ... Ce couple, je ne l'ai jamais revu.

Et deux jours plus tard, Josiane m'annonce qu'elle va partir vendredi. Et de six. Mais cette fois-ci, je ne suis pas trop mécontente. Bon, on est rendu en mars. Ce vendredi, quand Pauline arrive, je lui annonce la dernière nouvelle :

- Ne me dis pas ... J'aurais peut-être quelqu'un à te proposer... mais il faudrait que je lui en parle d'abord.

- Ah oui ? Qui est-ce ?

- C'est l'amie de mon garçon. Elle vient de perdre son emploi, mais je crois qu'elle aide sa tante qui a des enfants. Veux-tu que je lui téléphone ?

- Bien sûr.

Elle prend le téléphone tout de suite et en cinq minutes, mon problème est encore réglé... mais pour combien de temps ?

Ce soir, dimanche, Olivia arrive. Elle s'installe tout en me racontant son histoire. Elle inspire la sympathie et me fait bonne impression. C'est une Acadienne qui a des parents ici. Si elle a perdu son emploi, ce n'est pas parce qu'on n'était pas satisfait d'elle, mais à cause du manque d'ouvrage.

Du jour au lendemain, tout fonctionne chez moi! Plus rien n'est compliqué. Un beau jour, Olivia m'approche :

- Tu sais, Thérèse, demain j'ai un rendez-vous important et je ne peux changer l'heure. Il faudrait que je parte d'ici à 7,30h…

- Et alors ? Vas-y, pas de problème.

- Mais ton déjeuner ?

- Ah, ce n'est pas grave, tu vas voir, je vais me débrouiller… Je ne te demanderais qu'une chose : veux-tu mettre le café dans la cafetière avant de partir ?

- Bien sûr, c'est la moindre des choses. Pour le reste ?

- Ça va aller… du moins, je crois. C'est l'occasion d'essayer.

- Tu es bien gentille, ça m'enlève un poids.

Le lendemain, j'arrive dans la cuisine vers 8,30h. Qu'est-ce que je vois ? Un couvert sur la table, les céréales à côté, une tranche de pain dans le grille-pain, le beurre et la gelée de pommes sur la table et tout ça bien disposé pour que je puisse me servir presque sans bouger. J'ouvre la porte du réfrigérateur, un verre de jus est à ma portée.

Cette nouvelle compagne m'est envoyée avec le printemps, c'est la renaissance, le début des beaux jours. J'ai l'impression que cette fois, les temps durs sont vraiment choses du passé. Je respire ! Je me retrouve ! J'ai le goût de réorganiser ma vie ! Tiens, si je remettais en vigueur mon abonnement au Devoir. Je pourrais recommencer à vivre dans le monde. C'est aujourd'hui que ça se passe ! Je prends le téléphone et fais 411, pas question de fouiller dans le bottin.

****

Depuis quelque temps, je laisse mon fauteuil roulant dans la cuisine. Je me promène debout dans la maison. Ce matin, en sortant de ma chambre, j'ai eu une nouvelle sensation : l'équilibre. Je me suis sentie solide sur mes deux pieds. Ma foi, j'avais perdu l'équilibre et on ne me l'a pas dit ! Une chance, je n'aurais jamais voulu marcher. Mais c'est extraordinaire l'équilibre, je me sens tellement plus solide !

Maintenant, papa vient me reconduire à mes traitements. Il s'assoit dans la petite salle d'attente avec son journal. Ainsi, il me voit quand Liliane me fait prendre ma marche parce qu'on passe à côté de lui. Aujourd'hui, Liliane vient me reconduire jusqu'au bureau du médecin parce que je dois y apporter des papiers pour la SAAQ. Comme j'arrive, il sort de son bureau :

- Bonjour, comment ça va ? Voulez-vous entrer ? me dit-il en indiquant son bureau.

- Si vous voulez…

Il s'empresse de me faire asseoir.

- Ça va, la marche ? Vous avez marché depuis les locaux de physio ?

- Oui, c'est un bon exercice, hein ?

- Pas mal, pas mal !

- Il faut que je vous demande quelque chose… Ce matin, en sortant de ma chambre, j'ai eu l'impression de retrouver l'équilibre. Est-ce possible ?

- Oui, bien sûr, c'est une bonne nouvelle, ça !

On échange et le temps passe… Quand je regarde ma montre, je constate que papa m'attend depuis plus d'une demi-heure.

- Mon Dieu, excusez-moi, il faut que je m'en aille, mon père m'attend.

- Joël doit vous contacter sous peu pour votre retour au travail.

- Ah oui, c'est vrai. Je voulais vous demander ce que vous pensiez de mon retour au collège à l'automne ?

- Déjà, es-tu prête ?

- Je n'ai pas fini de préparer mon cours et je n'écris pas très vite de la main gauche…

- Tu vas voir ce que Joël en pense… Tu serais peut-être mieux d'attendre en janvier.

- Bon, je vais voir avec Joël. Merci.

Quand j'arrive à la salle d'attente, papa n'a pas l'air très content :

- Veux-tu bien me dire ce que tu as fait ?

- Oh ! Excuse-moi, le médecin m'a fait rentrer dans son bureau et j'ai oublié l'heure…

- Bon, viens-t'en.

****

Joël m'a téléphoné vendredi. C'est aujourd'hui que je vais le rencontrer. Il ne travaille plus à l' IRM, mais il continue ses évaluations pour la SAAQ. Son bureau est situé rue Sherbrooke. J'arrive là en taxi et même s'il y a un escalier à monter, ça va très bien. Le chauffeur m'aide avec gentillesse.

- Bonjour Thérèse.

- Bonjour, tu as un beau bureau.

- Merci, et toi, comment ça va ? Comment t'organises-tu ?

- Depuis le mois de juillet, il s'en est passé des choses ! J'ai fini par avoir quelqu'un qui a de l'allure pour m'aider, mais je ne sais pas si elle va rester longtemps. Si son patron la rappelle, je lui ai dit qu'elle pourrait partir.

- Peut-être que le temps qu'elle restera suffira pour que tu n'aies plus autant besoin d'aide ?

- Espérons, mais ce n'est pas ça qui t'intéresse, hein ?

- Bien, ça m'intéresse quand même de savoir comment tu t'arranges à la maison avant de t'envoyer travailler.

- C'est bien gentil à toi. Au fait, le directeur des services pédagogiques est venu me voir la semaine dernière. Il m'a demandé de préparer un projet de concours d'excellence que le collège aimerait proposer aux étudiants.

- Ah oui? C'est intéressant ça. Et alors?

- Présentement, j'écris des idées. Ça devrait prendre une forme définitive la semaine prochaine.

- Est-ce que c'est assez avancé pour que tu puisses m'en parler?

- Oui, peut-être … Je voudrais que les étudiants présentent un projet dans leur champ d'études. Le contenu de ce travail serait corrigé par leur département de concentration. Il serait ensuite

172

évalué par le département de français pour la langue et l'expression.

- C'est très intéressant ça.

- Voilà, je ne sais pas si le Collège va aimer ça, mais je crois que ce serait une expérience à faire pour que les étudiants se rendent compte que la connaissance de la langue est importante dans le travail qu'ils vont faire plus tard.

- Tu as bien raison ... Alors, l'écriture, comment ça va ?

- Oh, j'écris mieux, mais il me faut encore trente minutes pour remplir une page.

- Et tes cours ?

- Tu peux dire « mon » cours.

- Si tu veux. Tu n'en as qu'un à donner ?

- Tu comprends, quand je vais rentrer au collège, on va sûrement accepter que je ne donne qu'un cours. D'ailleurs, c'est à peu près toujours cela que j'ai fait. Mais je donne quatre fois le même cours.

- Oui, mais là, tu ne vas pas en donner quatre !? Ça veut dire combien d'heures ça ? Et combien d'étudiants ?

- Au total, douze heures de cours et... à peu près 140 étudiants.

- Tu ne pourras jamais corriger 140 copies à la fois. Écoute, d'abord, ton cours est-il prêt ?

- Non, pas encore.

- Penses-tu avoir terminé la préparation en août ?

- Pas vraiment... Et il faut que j'aille au collège le faire dactylographier...

- Alors, tu ne penses pas qu'il serait plus raisonnable de ne retourner au collège qu'en janvier ?

- Peut-être... Sans compter que je n'aurais qu'une session à faire avant les grandes vacances...

- Oui, mais tu ne commenceras pas en enseignant à temps plein.

- Ah non ?

- Te rends-tu compte ? Tu serais obligée d'aller au collège cinq jours et de corriger 140 copies... combien de fois ?

- Je n'irais au collège que quatre jours et je corrigerais au moins quatre fois 140 copies.

- Tu devrais commencer par donner un ou deux cours, pas plus !

- Pas seulement un en tout cas, je ne serais pas dedans il me semble…

- Bon, d'accord pour deux.

- Et la SAAQ ?

- Eux, ils vont faire ce que je dis. C'est pour ça qu'ils me consultent.

- C'est toi qui vas leur dire ce qu'on décide aujourd'hui ?

- Oui, ne t'inquiète pas, le médecin va aussi signer.

- Il va aviser le collège aussi ?

- Oui, oui.

- Bon, d'accord, je vais continuer à préparer mon cours sans m'énerver…

- Voilà, je trouve que tu as l'air bien.

- Tu trouves?

- Oui … j'envoie les recommandations sur lesquelles on est d'accord à la SAAQ et tu m'appelles si tu as besoin de quelque chose.

****

Étant donné tous ces changements de personnes pour m'aider à la maison, c'est papa qui assure la régularité en m'accompagnant au bureau du neurochirurgien à l'Hôtel-Dieu. C'est justement aujourd'hui que j'ai rendez-vous à une heure. Le voilà qui arrive! On ne peut pas dîner avant, il faut partir à midi…

- Bonjour, es-tu prête ?

- Oui, je n'ai que mon veston à mettre…

Il m'aide et on attaque l'escalier…. Il faut bien un bon quart d'heure avant que la voiture ne soit en route. Quand on arrive à l'hôpital, papa m'aide à entrer par l'urgence. C'est par là qu'on arrive le plus directement aux bureaux des médecins.

- Voulez-vous un fauteuil roulant ? demande l'agent de sé-curité.

Je m'empresse de répondre :

- Non.

Papa n'ajoute rien, il sait que ça ne servirait à rien. Je m'assois sur une des chaises qui se trouvent là pendant qu'il retourne ensuite stationner sa voiture. Quand il revient, nous nous dirigeons vers l'ascenseur qui est au bout du corridor. Le gardien nous avertit qu'il faut d'abord aller au premier pour présenter la carte de l'hôpital avant de monter au deuxième pour le rendez-vous. On arrive à l'étage, je sors de l'ascenseur et ne vois qu'un long corridor plein de monde. Je regarde papa qui me dit :

- Bien oui, regarde là-bas la petite lumière verte, c'est là qu'il faut aller je crois.

- Mon Dieu, c'est loin.

Je pense que peut-être j'aurais dû accepter le fauteuil roulant... Papa m'encourage :

- Prends ton temps, tu vas y arriver.

C'est vrai, je finis par y arriver. A-t-on idée de faire courir les gens seulement pour présenter sa maudite carte. Et ce n'est rien ça, il va falloir revenir sur ses pas à l'ascenseur, monter et refaire le même corridor pour aller s'asseoir dans la salle d'attente... sans compter que le bureau du médecin n'est pas tout à côté de la salle... Après une bonne heure d'attente :

- Madame Saint-Amour ?

Ah non, j'ai pris la peine de toujours garder mon nom (qui est celui de mon père) sur toutes mes cartes. C'est vrai que je suis entrée ici sur le dos, ça doit être pour ça qu'ils m'ont inscrite sous le nom de mon mari, suivant la coutume. Le premier bonjour que je dis à ce médecin qui m'a sauvé la vie :

- Mon nom, c'est Thérèse BELZILE.

- Ah, excusez-moi. On vous a inscrite à Saint-Amour, c'est le nom de votre mari ?

- Oui, mais je ne l'ai jamais porté et toutes mes cartes sont à Belzile !

- Il va falloir retourner au premier pour le faire changer, mais vous pouvez attendre à la prochaine visite.

- C'est moi qui vais être obligée de faire ce corridor pour les erreurs d'un autre ?

- De toute façon, vous devez toujours passer par là.

- Oui, je sais, même si je trouve ce système mal fait.

- Montrez-moi votre main droite… C'est incroyable, regardez garde !… Le dr Beaugrand a fait un beau travail.

J'avais la main toute défaite. Ce médecin spécialisé en chirurgie plastique a dû prendre un tendon entre deux doigts pour le mettre entre deux autres. Je ne sais pas exactement comment il a fait, mais il semble qu'il m'ait refait une main.

- À part ça, ça va ? continue le neurochirurgien.

- Oui.

- Alors, continuez à prendre vos médicaments et revenez me voir dans six mois.

- Vous savez que je veux retourner enseigner ?

- Ah oui ? C'est bien ça ! Quand… ?

- Ça devait être à l'automne, mais le neuropsychologue m'a demandé d'attendre en janvier.

- Avez-vous besoin d'un papier ?

- Je ne sais pas pour l'instant.

- Si vous en avez besoin, téléphonez à mon bureau, je ferai le nécessaire.

- Merci beaucoup, au revoir.

- Au revoir.

Et c'est tout, toute cette course pour ça. Et on n'en a qu'un peu plus de la moitié de fait puisqu'il faut encore attaquer ces corridors. En sortant du bureau, il y a encore plein de monde : infirmières, médecins, secrétaires, patients qui attendent leur rendez-vous ou qui se promènent pour aller à un examen spécifique ou à la toilette… Il ne faut pas croire qu'on est en sécurité parce qu'on est à l'hôpital, non. Elles sont si pressées, ces infirmières, qu'elles ne regardent pas où elles vont. Je n'ai pas le temps de me sauver, en voilà une qui me frôle en passant.

- Chhhhrrrrrriiiiiissss, dis-je à voix basse en cherchant mon équilibre.

Je me pince aussitôt les lèvres. Papa a sûrement entendu. Il ne faut jamais prononcer quelque mot gras que ce soit devant lui ou maman. Ça nous a toujours été strictement défendu. Pourtant, il ne fait pas de commentaire pendant que l'infirmière, elle, poursuit sa course sans même s'excuser. De toute façon, je n'en veux pas de ses excuses, je lui aurais répondu :

- Ne vous excusez pas, faites attention.

Lorsque tout redevient calme et qu'on se retrouve enfin seuls dans le corridor, papa me dit comme ça, tout simplement :

- Tu sais, quand tu étais dans le coma, le neurochirurgien m'a demandé quelle sorte de tempérament tu avais. Je lui ai répondu que tu avais une tête de cochon. Il a répliqué : « Ça va l'aider. »

- Ah oui ? Il a dit ça ?

- Oui.

- ...

Je ne sais que dire. Une seule chose me vient à l'esprit : comment se fait-il que mon père ait utilisé un tel langage ? Ce « tête de cochon », ça fait partie des mots gras dont on n'avait pas le droit de se servir chez nous. Entendre ça de la bouche de papa, c'est inouï ! Il faut vraiment que la réalité ne puisse se traduire autrement. Cette « tête de cochon », depuis quand me l'attribue-t-il ? Peut-être se souvient-il encore de mon intention d'aller à Blanc Sablon ? J'étais tellement habituée à me faire dire : « Non » à toutes les permissions de faire des choses un peu en dehors de la norme que, lorsque j'ai eu l'occasion de partir enseigner à Blanc Sablon, je n'ai pas osé lui en parler de peur qu'il ne refuse. Je me suis fait prendre à mon propre piège. Un soir que j'ai suivi un cours au collège, je rentre chez moi, il m'attend. Je le vois se lever de son fauteuil, aller dans sa chambre et revenir avec une petite carte de visite en main avant que je n'aie le temps de passer pour me rendre à ma chambre :

- Tiens, me dit-il en me la remettant. Qu'est-ce que c'est que cette histoire-là ? Tu n'as pas l'intention d'aller là ?

- Pourquoi pas ?

- Es-tu folle ?

- Non.

Et je me sauve dans ma chambre pour regarder le message. C'est le curé de Blanc Sablon qui veut que je le rappelle. C'est lui qui engage les enseignants. Je lui avais écrit parce qu'une amie savait qu'on avait besoin de quelqu'un à l'automne. En téléphonant le lendemain, j'apprends que je suis engagée. Je pars pour Blanc Sablon au moment où mes parents reviennent d'un congrès sans leur en avoir jamais parlé… Ça doit être ça, la « tête de cochon » !

****

On est déjà au mois de mai : il fait beau, les lilas sont en fleurs. Quand je rentre de mes traitements cet après-midi, Olivia m'attend dans l'entrée :

- Allo Thérèse, j'ai reçu une bonne nouvelle aujourd'hui. C'est une bonne nouvelle pour moi, mais elle est mauvaise pour toi… Mon patron m'a téléphoné. Il veut que je reprenne le travail lundi … Je ne sais pas si je dois…

- Mais oui, Olivia, tu dois, je suis contente pour toi. Je te l'avais dit, ici tu n'as aucun avenir. Allons, oublie-moi. Je t'avais dit que s'il te téléphonait, tu pouvais dire « oui ».

Olivia s'en va. Pour la première fois, je suis désolée d'un départ. Olivia, tout excitée, en a parlé à Pauline. Automatiquement, la nouvelle est arrivée aux oreilles de sa fille qui a une amie qu'elle essaie de convaincre de venir m'aider depuis un bon moment. Cette fois-ci, ce serait seulement pour quelques semaines puisque Louise nous amène encore au bord de la mer cet été Marie-hélène et moi. Cette jeune fille accepterait de venir me dépanner. Comme il s'agit d'une amie de la fille de Pauline qui est si correcte, je ne m'inquiète pas vraiment. En fin de semaine, c'est justement cette dernière qui est là et c'est agréable. Dimanche soir, quand son amie arrive, elle fait les présentations et lui fait faire le tour de la maison avant de partir. Elle a l'air gentille cette nouvelle aide. Je n'ai pas un mot à dire.

Pour passer le temps que je trouve bien long, je lis mon journal, le matin, je fais les mots croisés… Et quand j'en ai assez de travailler dans mon bureau, je viens m'asseoir à la cuisine pour faire un petit jeu de patience aux cartes.

En dehors des lits à faire le matin et du lavage une fois par semaine avec laveuse et sécheuse dans la cuisine, Laure, ma nouvelle aide, n'a que les repas pour trois personnes à préparer. Ça ne remplit pas ses journées, elle a l'air bien désoeuvrée. Au bout de quelques jours, qu'est-ce que je vois un bel après-midi en rentrant dans la cuisine ? Elle est assise à la table, en train de faire un jeu de patience. Je lui demande :

- Qu'est-ce que tu fais là ?

- Je fais un jeu de patience, mais j'aimerais que tu me montres un de ceux que tu fais.

- D'accord.

Je m'assois et lui explique un jeu. Et voilà, nous sommes deux à tuer le temps. Je ne sais pas à quoi elle pourrait passer son temps, mais il me semble qu'elle pourrait trouver quelque chose d'autre à faire. Il y a assez de moi qui ne peux pas faire grand-chose. Même si la perspective d'aller au bord de la mer avec Louise ne m'enchante pas trop, j'ai bien hâte de partir avec elle et Marie-hélène … Quand donc vais-je retrouver un brin de tranquillité ? Vivre chez moi avec ma fille sans avoir à penser à toutes ces difficultés quotidiennes, c'est devenu un rêve. Pourvu que ce ne soit pas une illusion. Je vais continuer à me battre jusqu'à ce que je gagne ma liberté, mon bien-être.

En attendant, on arrive enfin au jour du départ avec Louise. Après un trajet sans histoire, nous arrivons au motel que ma soeur a réservé cette fois-ci. On peut donc s'installer en arrivant. J'ai apporté crayon et papier pour pratiquer l'écriture, des livres de la Comtesse de Ségur parce que j'ai décidé de relire ces petits livres avant de les proposer à ma fille. Cette fois-ci, je n'ai pas l'intention de faire des acrobaties pour aller m'asseoir (!) sur la plage. Je vais m'installer sur le petit balcon à l'entrée du motel, ce sera suffisant. On arrive par une belle journée chaude. Ce n'est pas bien long que mes deux compagnes ont enfilé leur maillot et courent à la mer. J'en profite pour ranger mes effets et ceux de Marie-hélène dans la commode et j'ai encore du temps pour aller m'asseoir dehors. Pour aujourd'hui, je n'ai besoin de rien d'autre que d'écouter et sentir la mer… J'espère que Marie-hélène passera du bon temps avec sa vieille mère éclopée et sa tante. C'est vraiment dommage qu'elle ne puisse être avec une petite amie… mais elle ne se plaint pas.

Une journée où la température est incertaine, Louise nous offre d'aller faire un tour. J'aime bien me promener dans les boutiques d'un village voisin. Peut-être y trouverais-je une chaîne assez large pour cacher la cicatrice de ma trachéotomie? Je connais un peu ce village pour y être venue quelques fois avec ma fille et mon mari. J'en profite pour faire quelques achats. Je trouve même une chaînette à mon goût. Comme l'heure du souper arrive, je suggère un bon restaurant. On arrive, on s'installe, on analyse rapidement le menu parce qu'on a déjà une bonne idée de ce que l'on veut manger. Une crème de palourdes pour ma sœur, un jus de tomates pour Marie-hélène, une entrée de crevettes pour moi, c'est presque un rituel dans ces occasions-là. Pour agrémenter le tout, une bonne bouteille de vin. Après l'entrée, on opte pour le homard qu'on choisit sous différentes formes. Marie-hélène préfère les crevettes et les pâtes. On mange, on boit, tout est bien, tout est beau. Pour terminer ce festin, pourquoi pas un petit café brésilien?.... Soudain, au milieu de l'euphorie, je ressens une subite nausée et ma tête s'alourdit tellement que je ne peux plus la tenir. Elle tombe sur la table. Louise, affolée, demande de l'aide et, la première chose que je sais, me voilà étendue sur une civière qui m'amène à l'hôpital en ambulance… comme une malade. Là, infirmier ou médecin viennent m'examiner, prendre ma tension. Au bout de quelque temps, on me déclare prête à partir. On m'installe dans un fauteuil roulant. Louise et Marie-hélène m'accompagnent à la sortie. Je ne sais pas ce qu'ils ont dit tous ces gens, mais moi, je me sens encore une fois comme la pauvre petite fille qui ne doit rien dire et subir les pensées et les volontés de tout un chacun.

Le lendemain, je commence à écrire les quelques cartes postales que j'ai achetées. Je veux m'organiser pour qu'elles soient assez lisibles au moins pour que les gens de la poste puissent les faire arriver à destination. Et peut-être aussi que ceux à qui je les destine puissent comprendre les quelques mots que j'y écris. Il faut que j'arrive d'abord à faire tenir la carte pendant que j'écris, mais en gardant assez d'espace pour bouger mon stylo. C'est petit une carte. Attends, si je place un cendrier du côté droit en haut de la carte, j'arriverai peut-être à écrire sans qu'elle ne bouge… Voilà, essayons ! « Chers parents… » Ça ne va pas trop mal. J'y arrive. Je

180

fais attention de bien former mes lettres... Bon ! Maintenant, l'adresse. Ça, c'est mieux, c'est du côté droit qu'il faut la mettre et ma main gauche tient la carte en même temps que j'écris. Il faut que je me hâte d'écrire les trois autres, on rentre à la maison demain.

Ce n'est que sur le chemin du retour que je me permets de me demander comment se passera cette seconde année... J'aimerais tellement trouver quelqu'un qui prenne domicile chez moi et qui ne m'empêche pas de me sentir bien. Autrefois, il y avait plein de domestiques qui vivaient ainsi. Mes parents en ont engagé pendant quelques années. Il fallait bien quelqu'un pour les aider à s'occuper de six enfants âgés de zéro à onze ans. Pour l'instant, quand on rentre à la maison, c'est encore maman qui vient m'aider. Danielle nous a invitées à Sainte-Agathe, elle vient nous chercher demain.

CHAPITRE 13

Automne 1983

Je suis toujours en contact avec Carl, ce confrère dans la misère. Il m'a téléphoné hier pour me dire que la sœur de cette jeune fille si aimable, qu'il m'avait envoyée pour me dépanner l'an dernier, ne travaille plus chez sa propre sœur et qu'elle serait prête à venir me rencontrer. Justement, cette jeune fille pourrait représenter l'idéal que je cherche. Elle demeurerait chez moi. Si je suis chanceuse, elle accepterait peut-être de faire les repas de fins de semaine... Il faudrait fêter ça, la fin de mes problèmes !

On vient de sortir de table lorsque ça sonne à la porte. Maman, qui passe la journée avec moi, s'empresse d'aller ouvrir pendant que je me hâte de me rendre au salon. C'est Marie-Claire qui arrive. Après les salutations, on s'installe au salon.

- Vous avez travaillé chez la sœur de Carl?
- Oui.
- Ça vous tente de venir nous aider ?
- Oui. Je peux faire le lavage, les commissions, les repas... le ménage même.
- Non, ça ne sera pas nécessaire, j'ai quelqu'un qui vient faire le ménage tous les quinze jours. Vous demeureriez ici, vous n'avez pas d'autre résidence ?
- Non, mais les fins de semaines, je ne travaille pas.
- Bon, accord, mais tu demeures ici ? Tu me permets de te tutoyer ? Tu peux le faire aussi, ce serait plus facile, non ?
- Oui, ça va.
- Tu comprends, pour moi, c'est l'idéal que tu restes ici. Ça me donne l'occasion d'apprendre à m'organiser seule et, en même temps, ça me sécurise beaucoup... même si tu sors....
- Alors, c'est parfait.

Et maman lui fait faire le tour du logement en lui indiquant où se trouvera sa chambre. Je suis ravie ! Je ne vois vrai-

183

ment pas pourquoi ça ne fonctionnerait pas cette fois-ci. Elle a l'air d'avoir de l'allure, cette jeune fille. Je continue :

- Alors, voici : la première chose que je voudrais régler, ce sont les commissions. Jusqu'à maintenant, ce sont mes parents qui les font pour moi et je trouve cela bien compliqué. Penses-tu que tu pourrais t'occuper de ça ?

- Mais sûrement, surtout que c'est moi qui prépare les repas. Il y a une épicerie pas loin ?

- Oui. Il y a même deux petites épiceries du coin, mais ça coûte plus cher. Sur Côte-des-Neiges, il y a un Métro et il y a un Steinberg je crois sur Lucerne, mais je ne les connais pas. Quand j'ai eu l'accident, je venais de déménager et je continuais de faire mes courses dans mon ancien quartier.

- Bon, j'irai voir ça.

- Si tu vas sur Côte-des-Neiges, tu pourrais peut-être aller à la Caisse pour moi ?

- Bien sûr, et je vais m'ouvrir un compte en même temps !

- Ça fait ton affaire ?

- Oui.

- Quand arriveras-tu ?

- Demain si tu veux.

- Parfait, alors, à demain.

- À demain.

Maman n'attend même pas qu'elle soit partie pour avertir papa qu'elle rentrera demain. Justement, papa doit venir avec moi à l'IRM pour mon rendez-vous avec le physiatre. Il offre à maman de la prendre quand il me ramènera à la maison.

Le lendemain, il arrive chez moi à 10h. Mon rendez-vous est à onze heures, mais il faut que j'aille au sous-sol voir l'orthophoniste. Je dois aller lui porter un cahier de notes de cours sur la lecture dont je lui ai parlé. Ça pourrait l'aider dans son travail auprès des aphasiques. Alors, en arrivant à l'IRM, je m'assois dans un fauteuil roulant et je prends l'ascenseur pour descendre à son bureau pendant que papa s'installe avec son journal dans la salle d'attente. Quand j'arrive en bas, Michèle est justement dans la porte de son bureau :

- Allo Michèle.

- Allo, tu as l'air bien.

- Oui, tu sais que je retourne enseigner en janvier ?

- Ah oui, déjà ?

- Ça fait déjà deux ans, tu sais, que je ne travaille pas … Voici le cahier dont je t'ai parlé.

- Oh merci.

Elle y jette un coup d'œil et me dit :

- Ça a l'air intéressant. Tu permets que je le prête à ma collègue?

- Bien sûr, et tu peux le prêter à d'autres si tu veux. Bon, il faut que je te laisse, c'est l'heure de mon rendez-vous.

- Au revoir et bonne chance.

- Merci, je reviendrai te voir.

Je me hâte de monter et juste comme j'arrive en haut, c'est le médecin qui me cherche :

- Alors, on se promène ?

- Excusez-moi, suis-je en retard ?

- Non, tu arrives juste. Comment ça va ?

- Assez bien pour une fois, j'ai trouvé quelqu'un qui va habiter chez moi, j'espère que ça va marcher… Je prépare mon cours et papa va venir avec moi le porter à la secrétaire au collège. J'ai rencontré Joël, il a dû vous donner les nouvelles ?

- Oui... On va arrêter les traitements alors. Es-tu d'accord?

- Oui, ça m'arrange … Ça va me donner plus de temps pour préparer mes cours.

- Tu vas prendre un rendez-vous dans trois mois. J'aimerais voir comment tu vas...

- D'accord.

Quand nous sortons de l'Institut, j'apprends à papa :

- Le médecin a décidé d'arrêter mes traitements. Il croit que je serai assez occupée à préparer mon entrée au collège en janvier.

- Bon.

- Justement, viendrais-tu avec moi au collège porter mes notes de cours ? Il faudrait que je les apporte à mesure qu'elles sont prêtes à la secrétaire pour qu'elle puisse trouver le temps de les dactylographier.

- Bien sûr que je vais t'amener, quand veux-tu y aller ?
- Je ne sais pas. Y a-t-il une meilleure journée pour toi ?
- Oh, moi, j'aimerais bien mercredi ou jeudi…
- D'accord pour mercredi, merci beaucoup.

Mercredi arrive : c'est comme le grand jour où je réintègre le collège ! Oh, bien évidemment, je ne commence pas à enseigner, mais aller porter mes notes de cours à la secrétaire, c'est un premier pas que je fais du côté de la vraie vie. C'est le début de l'après-midi, il fait beau, une de ces belles journées d'automne. On arrive devant le grand escalier. Il n'y a pas d'appui-main, c'est papa qui doit me donner le bras pour que j'arrive à escalader ces quelques marches qui sont très nombreuses à mon œil d'éclopée. On y parvient. Papa ouvre la porte et j'entre bien appuyée sur ma canne quadripode. Ça me semble bien vaste cette entrée dans laquelle je courais pourtant des dizaines de fois par jour, en arrivant de mon bureau, deux étages plus haut. Je me revois, à la course dans l'escalier, passant du bureau de la secrétaire à celui de la comptabilité pour mes frais de voyage, à celui du directeur des services pédagogiques, quand ce n'est pas au bureau du personnel ou à l'Éducation des adultes. J'étais présidente de la coordination provinciale de français. Depuis quelques années, on travaillait à remplacer le programme de français pour qu'il soit mieux adapté aux besoins des étudiants. Alors, avec des collègues professeurs dans d'autres collèges et le fonctionnaire responsable de l'enseignement du français, je préparais ce qui serait la politique du français en même temps que le nouveau programme. Nous voulions mettre au point le programme des quatre cours obligatoires avant de créer ceux de la concentration *lettres*. Puis, tout à coup, je reviens brusquement à la réalité parce qu'il faut orienter papa :

- Regarde, c'est juste là à droite le bureau des secrétaires.

- Je viens avec toi jusqu'au bureau, je te laisse ta serviette et je reviens t'attendre ici, dans l'entrée, d'accord ?

- Merci beaucoup. Je vais essayer de donner mes instructions à la secrétaire le plus vite possible.

Nous entrons dans le petit bureau où les trois secrétaires travaillent. Papa me laisse et :

- Allo Thérèse, comment ça va ?

186

- Comme tu peux le voir, je m'en sors.

- C'est formidable !

- Oui, et je reviens enseigner en janvier.

- J'ai appris ça, c'est fantastique ! Te souviens-tu quand tu courais dans le bureau pour aller voir Armande ? On te voyait à peine passer, tu étais comme un coup de vent.

C'est vrai, ces pauvres filles ne voyaient que mon ombre. Je trouvais plus pratique de faire exécuter mes travaux de secrétariat par mon mari qui avait fait un cours commercial. Je ne faisais que traverser leur bureau pour aller à celui d'Armande qui travaillait pour les finances. C'est à elle que je remettais les rapports de dépenses de mes voyages à Québec ou dans les collèges d'autres villes. C'est elle qui administrait les budgets qu'on m'allouait pour la coordination provinciale.

- Oui, je m'en souviens, c'était le bon temps, ça !

- Oui, mais tu courais tout le temps.

- Au moins, je bougeais, maintenant, j'arrive difficilement à mettre un pied devant l'autre.

- C'est vrai, mais au moins, tu avances.

- Bon, c'est bien beau tout ça, mais mon père m'attend. Regarde, je t'apporte mes notes de cours…

- Est-ce complet ?

- Bien non, je vais revenir de temps en temps pour que tu ne les aies pas toutes d'un coup. Ce sera peut-être plus facile de les dactylographier quand tu auras une minute… hein ?

- Ah oui, mais j'en ai tellement.

- Penses-tu y arriver ? Il me faut ça quand je vais rentrer en janvier.

- Je vais faire mon possible.

Pendant que je lui parle, un professeur de mathématiques que je connais bien, entre :

- Bonjour Thérèse, comment ça va ?

- Bonjour, tu vois, ça va mieux et je reviens enseigner en janvier.

- Ah oui ? Alors tu devrais venir à la partie d'huîtres le 14 novembre.

- Je n'aime pas les huîtres.

- Ça ne fait rien ça, il y a toujours un autre menu. À part ça, tu marches ? Penses-tu que tu pourrais danser ?

- Sûrement si quelqu'un me tient bien.

- Alors, viens, je vais te faire danser.

- Vraiment ?

- Bien oui, ça va te permettre de rencontrer le monde avant de revenir travailler.

- Tu as bien raison.

- Vas-tu venir seule ?

- J'aimerais mieux venir avec quelqu'un…

- Alors voici deux billets…

- Ah, c'est toi qui vends les billets ?

- Oui … et tu me les paieras le soir même, ça va ?

- D'accord… Et si je ne viens pas ?

- Tu vas venir hein ? Si tu avais un empêchement, tu ne seras pas obligée de les payer… Et si tu venais seule, tu n'en paieras qu'un.

- Merci… Il faut que je m'en aille, papa m'attend.

- Je suis content de te voir en si grande forme, je t'attends le 14.

- D'accord, merci et à bientôt !

Pendant que je termine la conversation, la secrétaire est allée chercher papa qui récupère ma serviette :

- Alors, tu as terminé ?

- Oui, j'espère que ça n'a pas été trop long. Tu comprends, j'ai rencontré un professeur qui vend les billets pour une partie d'huîtres et il a réussi à m'en vendre.

- Tu vas venir ?

- Si je trouve quelqu'un pour m'accompagner. Ce serait intéressant de venir rencontrer mes collègues avant de rentrer.

- Oui, ça a bien de l'allure !

Et nous rentrons à la maison. Je suis contente de ma journée. C'est comme si cette visite au collège me donnait un souffle de vie. Je me sens tout excitée, toute stimulée ! Ce n'était donc pas un rêve, ce retour au travail. Il fait vraiment partie de la réalité maintenant, ma réalité… et je m'endors en souriant…

… …

188

… Et j'ai toujours le sourire aux lèvres en me réveillant ce matin. La pensée de réintégrer mes fonctions ne me quitte pas. Je ne vis maintenant que pour ça. Aujourd'hui, à l'ordre du jour : téléphone à la SAAQ pour connaître les conditions de ce retour : temps partiel, salaire, indemnisation… Et, comme je le sais depuis un bon moment, il me faudra peut-être quelques jours pour avoir la ligne avec la SAAQ et quelques jours de plus pour arriver à parler à la bonne personne. Alors, tout de suite après le déjeuner, je compose le numéro. Et ce n'est qu'à 15,50h que je réussis à parler à une téléphoniste qui me dit :

- Je vais laisser un message à celui qui s'occupe de votre dossier et il vous rappellera.

- Il faudrait qu'il me rappelle le plus tôt possible parce que je dois prévenir le collège avant la fin octobre.

- Je vais lui dire que c'est urgent.

- Merci.

Évidemment, il ne me téléphonera certainement pas aujourd'hui, la journée est terminée…

Le lendemain matin, je suis dans mon lit, en train de faire mes exercices lorsque le téléphone sonne. J'ai pris soin de placer un appareil dans chaque pièce. Alors, ce n'est pas un problème pour moi de prendre le récepteur :

- Allo …

- Bonjour madame Belzile. Je vous appelle de la Société de l'assurance automobile du Québec. Vous avez téléphoné…

- Oui, Joël vous a dit que je retourne enseigner en janvier ?

- Oui, et il m'a dit que vous voulez donner deux cours. Vous savez, c'est beaucoup, c'est difficile de travailler avec les jeunes…

- Je l'ai fait dix ans, monsieur, je n'enseigne pas au secondaire, je suis au cégep.

- Bon, c'est vous qui le savez.

- Est-ce que je pourrais savoir de quelle façon je vais être rémunérée ?

Il se met à m'expliquer le calcul actuariel qui sera effectué. Je dois parfois l'arrêter pour lui poser quelques questions… Ça va, je comprends, mais je ne pourrais jamais l'expliquer tellement c'est compliqué. Tout ce que je retiens, c'est que, au total, si j'additionne mon salaire net au collège et l'indemnité de remplacement de revenu que me donnera la SAAQ, j'aurai un revenu supérieur à celui que j'aurais si je travaillais à temps plein. Il faut dire qu'avec le paiement de l'aide domestique, il m'en restera moins que jamais. Je termine la conversation :

- Bon, ça va, je comprends. Je crois qu'au total, je gagnerai autant d'argent que si je travaillais à temps régulier.

- Oui, au moins. Vous savez, on encourage les gens à retourner travailler.

- Vous serait-il possible de me confirmer tout cela par écrit, s'il vous plaît ?

- Bien sûr, mais vous ne recevrez pas la lettre avant trois semaines même si je l'écris aujourd'hui.

- Ça ne fait rien, je vous remercie beaucoup.

- De rien.

Une chance que je m'y suis prise tôt.

Deux semaines plus tard, le directeur du personnel du collège me téléphone :

- J'aimerais bien te rencontrer avec une personne de la SAAQ qui s'occupe de ton dossier.

- Ah oui ? J'espère que tu parles de celle de Montréal ?

- Je ne sais pas où elle se trouve, mais il faut qu'elle vienne.

- Je vais te donner le numéro de téléphone de l'agent de réadaptation. Tu t'arranges avec ?

- Oui, tu comprends, il faudrait voir si tout est prêt pour ton retour. Je ne veux pas qu'on oublie quoi que ce soit.

- Tu me téléphones quand tu auras fixé le rendez-vous ?

- Oui. Si ça fonctionne, ce devrait être mardi prochain, dans l'après-midi.

- Ça va, merci.

Et comme convenu, on se retrouve dans son bureau la journée prévue. La lettre que j'ai reçue hier de la SAAQ est dans mon sac, au cas où j'en aurais besoin…Après les présentations d'usage, on s'assoit autour d'une table et le directeur pose ses questions. Il apprend que la SAAQ peut débourser jusqu'à $10,000 pour adapter le collège à mes besoins. Je n'en reviens pas.

190

Moi qui ai osé demander au directeur des services pédagogiques de poser un appui-main pour que je puisse monter l'escalier toute seule. Et je me suis fait répondre :

- Ça coûte bien trop cher voyons, Thérèse.

Et on arrive à la grande question que pose le directeur du personnel :

- Puisque madame Belzile travaillera à temps partiel, j'aimerais savoir si vous continuerez à lui verser des indemnités ?

- Ah ça, ce n'est pas mon travail. Il faut demander ça à l'agent d'indemnisation.

Quand j'entends la réponse, j'imagine la réaction du directeur derrière son air imperturbable. Et toute fière de moi, je lui présente la lettre :

- Ne t'inquiète pas. Je me suis occupée moi-même de cette question.

Il prend la lettre, la lit et, souriant, il téléphone à sa secrétaire pour qu'elle vienne au bureau :

- Voulez-vous aller faire une copie de cette lettre et la mettre au dossier de Thérèse, s'il vous plaît ?

- Oui, tout de suite.

- Merci.

Et c'est là-dessus qu'on se quitte. Il ne me reste plus qu'à demander au médecin de me permettre d'aller au collège avec l'ergothérapeute, car c'est elle qui doit signer la demande d'adaptation des lieux…. Et voilà, ça n'a pas été long.

Je réussis à me rendre au collège dans la même semaine avec l'ergothérapeute. Elle est venue me chercher chez moi et nous arrivons à l'entrée principale du collège. Je n'oublie pas de lui dire :

Tu peux placer ta voiture ici. Quand on va rentrer, on va demander au gardien de sécurité la permission de rester là. Laisse faire, je vais m'arranger avec lui.

- Est-ce que nous devrons payer ?

- Non, c'est pour ça que je te dis qu'il faut l'avertir.

- Bon, je te laisse faire.

Ça me fait penser aux nombreuses difficultés de stationnement qu'éprouvent les gens qui viennent me reconduire où que j'aille. Pour stationner aux endroits prévus pour les handicapés, il faut avoir une vignette. Quand j'ai demandé au médecin de m'aider à m'en procurer une, il a refusé parce que je ne conduis pas. Après toutes ces années de difficultés, il m'est arrivé dernièrement de surprendre quelqu'un de bien portant profiter de l'usage d'une vignette. J'arrivais en taxi au CLSC. La seule place disponible à proximité du bâtiment était celle pour handicapés. Le chauffeur décide de l'utiliser le temps de venir me reconduire au bureau du médecin. Nous ne sommes pas encore sortis de la voiture que quelqu'un klaxonne derrière nous. La femme au volant nous montre sa vignette. Le chauffeur lui explique ce qu'il veut faire. Voyant qu'elle insiste, il décide de venir seulement me reconduire à l'intérieur avant de changer sa voiture de place. Comme je n'avance pas très vite, la première chose que je sais, c'est que je me retrouve dans l'ascenseur avec cette dame qui se déplace tout à fait normalement. La moutarde me monte au nez et, sur le champ, je décide de poursuivre mes démarches... Après plusieurs mois, elles ont fini par aboutir...

Sophie me tire brusquement de mes réflexions :

- Comment on procède ? Il va falloir que je t'aide à monter, mais une fois rendues en haut, est-ce qu'il y a une chaise où je vais pouvoir te laisser pendant que je monte le fauteuil roulant ?

- Tu devrais aller porter le fauteuil d'abord, ce serait plus simple.

- D'accord, alors, pendant ce temps-là, tu restes ici ?

Je l'attends assise dans la voiture. À son retour, elle doit me donner le bras pour monter :

- Il va falloir un appui-main...

- Oui, c'est sûr.

Elle ouvre la porte :

- Peut-être qu'on devrait demander des portes avec un œil magique...

- Es-tu folle ? Je ne vais quand même pas changer tout le collège, sans compter que ces portes avec un œil magique, je ne les aime pas tellement. Tu sais, à l'IRM dernièrement, la porte s'est refermée avant que je n'aie le temps de passer. Résultat : je me suis retrouvée à terre sur les genoux. Le seul progrès à remarquer : c'était la première fois que je tombais par en avant.

- Vraiment ?

- Oui, je ne savais pas, moi, qu'il fallait bouger devant cet œil. Tu le savais, toi ?

- Oui, bien sûr.

- Personne ne me l'avait dit, et comme je ne bouge pas vite, ces portes ne sont pas faites pour moi.

Quand j'ai raconté ça au médecin plus tard, il m'a dit : « C'est drôle, ça, il n'y a jamais personne qui est tombé à cause des portes ! » Je lui ai répondu : « Évidemment, les gens qui sont comme moi n'osent pas essayer de les passer seuls. » C'est quoi l'idée de faire fonctionner des portes avec un œil magique dans un institut de réadaptation où les gens ne bougent presque pas, alors qu'il existe des mécanismes intégrés au plancher qui maintiennent les portes ouvertes tant qu'on est dessus ?

- Bon, j'ai compris, on ne fera pas poser de nouvelles portes. Mais qu'est-ce que tu vas faire pour te les faire ouvrir ?

- D'abord, je vais arriver en taxi : le chauffeur va me les ouvrir. Ensuite, s'il ne veut pas, je vais attendre que quelqu'un entre. Il y a toujours de la circulation à l'entrée.

- D'accord, on va demander seulement une rampe.

- Pas une rampe pour fauteuil roulant, seulement une rampe pour escalier, ça, c'est important.

On entre, je m'assois dans le fauteuil et on va prendre l'ascenseur :

- Il va falloir que tu m'amènes partout où tu as besoin d'aller pour voir si les lieux sont accessibles.

- On va faire le tour du collège, mais on va commencer par mon bureau, d'accord ?

- Oui, oui.

- Vois-tu, on arrive au 4e, mais en fait, ce n'est que le deuxième, le sous-sol étant le 1er, le rez-de-chaussée le 2e... à l'anglaise quoi.

- Une chance, si l'ascenseur ne fonctionne pas, es-tu capable de monter tout ça ?

- Je ne l'ai jamais fait, mais si ça arrive, je vais bien être obligée d'essayer ou de courir un autre ascenseur.

J'aperçois ma collègue Liette dans le corridor, juste à la porte de notre bureau :

- Allo Liette, je viens faire une visite avec l'ergothérapeute. Je te la présente : Sophie, c'est Liette, ma collègue de bureau.

- Bonjour.

- Bonjour. C'est un grand jour, dit Liette. Entrez, venez voir le bureau de Thérèse.

Elle pousse mon fauteuil. À partir du grand corridor, il faut passer dans un autre corridor étroit avant d'avoir accès au bureau, alors il faut tourner carré :

- Il va falloir que je pratique pour arriver à passer dans ces coins.

- Oui, mais tu vas voir, tu vas y arriver avec un peu de pratique. Au fait, est-ce que tu vas déménager ton fauteuil roulant tous les jours de la maison au collège ?

- Non, imagine-toi donc que la SAAQ m'en donne un pour le collège. Il faut d'ailleurs que je revienne te voir à l'IRM pour le commander.

- C'est bien ça. Tu me téléphoneras pour prendre rendez-vous.

- Oui, dès demain, je t'appelle.

- Même si la SAAQ me fournit un fauteuil pour le collège, je n'ai pas l'intention de m'en servir. Je vais le laisser dans mon bureau… à part évidemment les jours où j'aurai affaire à la bibliothèque ou à l'imprimerie. Et nous entrons dans mon bureau :

- Tu vois, au bord de la fenêtre, c'est mon pupitre… Ils sont gentils, ils ne l'ont pas changé de place.

- Peut-être, mais regarde : pour arriver à t'installer devant, tu vas être obligée de passer entre ton pupitre et la bibliothèque. Tu ne penses pas qu'on devrait le mettre sur ce mur et mettre les bibliothèques à sa place ?

- C'est vrai que l'accès serait plus direct…, mais je regarderai le mur comme ça. J'avais placé mon pupitre pour toujours voir qui entre dans le bureau. Ainsi, je pouvais mieux recevoir les étudiants.

194

- Oui, mais maintenant, il faut que tu penses plus aux mouvements que tu auras à faire qu'à ce que tu vois…

- C'est un peu vrai...

Et elles se mettent à déménager les meubles.

- Dis-moi, Liette ? Mon remplaçant ne sera pas fâché qu'on change les meubles de place avant la fin de la session?

- Non, il a toujours su que c'est ton bureau. Il n'est que le remplaçant.

- Bon, c'est fini. Il faut maintenant que je t'amène à l'imprimerie, Sophie.

- Allons-y.

- Mais je ne crois pas qu'il y aura quelque chose à changer là.

- On va voir.

On descend. À l'imprimerie, c'est une porte coupée en deux, où on a aménagé un comptoir, qui sert d'accès aux professeurs qui viennent porter les travaux à faire imprimer et Sophie voudrait qu'on baisse ce comptoir à la hauteur du fauteuil roulant :

- Ce n'est pas nécessaire, Sophie. Je suis capable de me lever debout.

- C'est comme tu veux.

- Viens plutôt à la bibliothèque. Là, je ne sais pas comment je vais faire, il n'y a qu'un tourniquet pour entrer et sortir. Même debout, je n'arriverai sûrement pas à passer là-dedans.

- Ne t'inquiète pas, on va arranger ça.

En arrivant à la bibliothèque, Sophie ouvre la porte pour que j'y roule, mais on ne se rend pas plus loin… à cause du tourniquet. Je demande au comptoir :

- Est-ce que tu pourrais demander à Gaston de venir ?

- Gaston, c'est le directeur de la bibliothèque avec qui j'ai toujours eu une bonne relation.

- Oui certainement, Thérèse ... le voici justement…

- Allo Gaston, voici Sophie, l'ergothérapeute dont je t'ai parlée.

- Oui, c'est vous qui allez nous demander d'adapter les lieux pour Thérèse ?

- Oui, ici, il faudrait faire une ouverture pour les fauteuils roulants.

- Oui, ça fait longtemps qu'on en parle, mais là, on a une belle occasion de le faire. Y a-t-il autre chose qui pourrait t'aider, Thérèse ?

- Je ne crois pas, non.

- On a bien hâte que tu reviennes.

- Moi aussi.

On sort de la bibliothèque et je dis à Sophie :

- Bon, je crois que c'est tout.

- Tu es certaine de ne rien oublier ?

- Oui, oui, je pense bien, ça va. Moi, je vais rester ici, je vais souper avec Liette, ce soir. Alors, je vais aller te reconduire à l'entrée si tu veux.

- Et ton fauteuil ? Tu ne le laisses pas ici ?

- Non, on va le rapporter en taxi, ne t'inquiète pas.

- Bon, si tout est bien, je m'en vais. À la semaine prochaine.

- C'est ça, je te téléphone.

Avant de remonter attendre Liette, je vais faire un tour chez le directeur des services pédagogiques, je placote à gauche et à droite avec les professeurs, le personnel de soutien, tout le monde quoi. J'entends souvent les mêmes phrases :

- Tu as donc du courage, Thérèse.

Je réponds toujours la même chose :

- Ce n'est pas du courage. Le courage fait faire des actes gratuits, moi, mes actions ne sont pas gratuites : je veux vivre et je prends les moyens pour y arriver.

- Tu as donc bien accepté ça.

Et je réponds immanquablement :

- Accepterais-tu ça, toi, qu'on te *garroche* un tas de *marde* en pleine face ? Non, je n'ai jamais accepté ça. J'ai appris à vivre avec, c'est tout !

Et qu'est-ce que ça m'aurait donné de me résigner à mon triste sort et de pleurer dessus ? Ça ne m'aurait sûrement pas donné l'énergie de lutter, de me battre tous les jours pour gagner une vie décente. Et, d'un autre côté, rester sur ma colère et maudire le

196

destin de m'attaquer de la sorte n'aurait certes pas été plus rentable. Ça me choque de constater que les gens n'arrivent pas à comprendre…

Quand je reviens au bureau, Liette est en train de se préparer. Elle a déjà téléphoné pour demander un taxi, alors nous descendons. À peine arrivée en bas, j'aperçois un beau grand gaillard qui entre. Il nous laisse au restaurant et revient nous chercher. Sur le chemin du retour, il m'offre d'assurer mon transport au collège quand j'y viendrai. Voilà le dernier de mes soucis qui s'envole. Papa en a justement réglé un autre la semaine dernière : il m'a acheté une serviette avec une bandoulière pour que je puisse la transporter en tenant ma canne pour marcher. Et maman, elle, m'a acheté une chaîne pour attacher mes clés. Sans cela, si je les échappe quand je suis debout, je suis incapable de me pencher pour les ramasser. Avec la chaîne, elles ne pourront pas tomber. Je suis presque prête. Papa n'en revient pas ! Il n'arrive pas à le croire. Sur un ton mi-sceptique, mi-sarcastique, il me dit :

- Tu vas faire trois semaines !

Je ne réponds pas, mais j'ai bien l'intention de venir le voir après ces trois semaines.

****

On est déjà à la fin octobre : aujourd'hui, j'ai une grosse journée : d'abord, je passe en cours pour le divorce. Ensuite, je m'en vais au collège pour la partie d'huîtres.

C'est mon frère qui arrive. Il vient me chercher pour aller à la cour. On m'a conseillée d'apporter mon fauteuil roulant parce qu'il y a de grands corridors à traverser. Tout se passe assez bien. Une amie m'a offert de m'accompagner et elle est là quand j'arrive. Mon frère me laisse avec elle et s'en va travailler. On n'attend pas très longtemps et quand on entre dans la salle d'audition, l'avocat de mon mari lui dit :

- Poussez donc la chaise de votre femme.

Je n'en reviens pas ! Et Vincent s'exécute.

Comme il se doit, le père de ma fille devra verser une pension alimentaire minimum et défrayer la moitié des frais de scolarité.

Quand nous sortons de là, mon amie me laisse au restaurant où j'ai donné rendez-vous à Marie-Claire qui m'accompagne ce soir. Après un repas prolongé puisque nous avons du temps à tuer, on arrive au collège vers 4h.

La partie d'huîtres a lieu au Café étudiant, c'est une grande salle au rez-de-chaussée. Tout le personnel du collège est invité. Quand nous entrons, mon collègue de mathématique, Gaston, vient me saluer et nous sommes à peine assises à table que le directeur du personnel s'approche :

- Bonsoir Thérèse, ça va ?

- Oui, je me prépare.

- Justement, à ce sujet, tu sais, je suis à négocier une entente avec les assurances. Comme tu vas travailler à temps partiel, les assurances disent que tu rentres en réadaptation. Il se pourrait que des indemnités te soient versées. Pour y avoir droit, il faudrait que tu m'apportes un papier de ton médecin qui expliquerait que tu rentres en réadaptation… Tu pourrais me l'envoyer ?

- Je n'aime pas beaucoup ce terme « réadaptation », mais si ça me donne une indemnité, je peux bien l'endurer. Je vais demander au médecin de te l'envoyer, ça va ?

- Oui, bien sûr.

- Merci beaucoup, Rémi.

- De rien, bonne soirée.

Et il s'en va. Je retrouve des amis. Gaston tient promesse : il me fait danser… Je fais pas mal du sur-place, mais le seul fait d'être debout, appuyée sur lui, me rend tout heureuse.

Nous passons une belle soirée qui ne se termine pas trop tard.

****

La fin de semaine dernière, Marie-Claire a amené Marie-hélène à la Société protectrice des animaux qui est à deux pas de la maison. En revenant, ma fille me raconte qu'elle a vu un petit chien adorable. Je ne dis rien, mais je trouve dommage que mon état actuel m'empêche d'adopter ce petit chien. C'était pourtant dans mes projets...

Par hasard, Danielle me téléphone :

- Allo...

- Allo Thérèse, quoi de neuf ?

- Tu ne sais pas la dernière ? Marie-Claire a amené Marie-hélène à la SPCA et elles ont vu un mignon petit chien. C'est dommage que je ne puisse pas l'adopter.

- Pourquoi tu ne pourrais pas ? Tu sais, ce serait la meilleure chose que tu pourrais faire pour ta fille.

- Mais Marie-Claire...

- Le lui as-tu demandé ?

- Non.

- Alors, qu'est-ce que tu attends ?

- D'accord, je vais le faire ...

Et Marie-Claire accepte. Je rappelle Danielle qui vient nous chercher. Quelques instants plus tard, elle sort de la SPCA avec un petit paquet qu'elle vient déposer sur moi qui suis restée dans la voiture.

Nous allons tout de suite acheter ce qu'il faut.

Quand Marie-hélène arrive de l'école, je suis dans la chambre à l'attendre. Tout simplement, elle entre et quand elle aperçoit son nouvel ami, elle ne manifeste aucune surprise :

- Je savais, maman, qu'il serait là. Aujourd'hui, à l'école, mes amis et moi avons tenu les doigts croisés toute la journée...

- C'est une femelle, comment allons-nous l'appeler ?

- Elle a la couleur de la cannelle, ça pourrait être son nom : Canèle.

- D'accord.

Ce que j'ignorais, c'est que cette adoption serait le début des problèmes avec Marie-Claire. Elle veut bien un chien, mais tout ce qui suit, elle n'en a que faire. C'est même devenu compliqué d'obtenir sa disponibilité pour aller chez le vétérinaire. Je ne sais pas si c'est à cause du chien, même si ça n'a vraiment rien à voir, mais la cuisine se détériore petit à petit. On mange les mêmes mets à répétition, elle ne fait la vaisselle que lorsque les grands comptoirs sont remplis et qu'il ne reste plus rien dans les armoires. Elle a même osé amener quelqu'un à coucher hier. Elle lui a donné un de mes rasoirs et lui a même permis de stationner sa voiture dans l'entrée de garage de la propriétaire...

Cette fin de semaine, elle n'est pas là. J'en profite pour sortir la planche cloutée dont on m'a nantie à ma sortie de l'IRM. Je refusais de m'en servir, mais si je veux retrouver mon autonomie, il est temps que je commence à voir ce que je serais capable de faire. Il faut manger pour vivre et j'ai bien hâte de manger mieux, de manger ce que je veux. Tiens, il y a un avocat qui traîne là. Je le lave et le pique sur les clous... ce n'est pas génial. Il n'y a que la partie molle que les clous traverse, ce n'est pas bien solide... Ça bouge un peu, mais j'arrive tant bien que mal à le couper sur le sens de la longueur. Ça fait tellement longtemps que je n'ai pas touché à un couteau que je me trouve un peu sans dessin et... je me coupe.

Je lâche tout et roule vers la salle de bain. Oh la la, j'ai l'air fin ! Une coupure sur ma bonne main, avec quoi vais-je la panser ? ... D'abord, je fais couler l'eau froide. Réfléchissons... Pour l'instant, je vais prendre une débarbouillette et essayer de l'enrouler autour de mon doigt... là. Ce n'est pas trop mal, on ne voit plus le doigt. Il faut que je sorte l'onguent, que je tourne le bouchon... sans main puisque la débarbouillette la mobilise... Une chance que j'ai des dents. J'arrive à immobiliser le tube et je tourne le bouchon avec mes dents. Les pansements... j'en sors un de la boîte... c'est-à-dire qu'une fois la boîte ouverte, je la vide sur le comptoir... Encore avec mes dents, je débarrasse le pansement de son enveloppe et des petits papiers qui protègent les collants. Une fois qu'il est sur le comptoir, j'appuie sur le tube pour que l'onguent sorte et j'arrive à en mettre un peu sur le pansement... le reste est sur la débarbouillette. Maintenant, je développe mon doigt blessé et je me hâte de le bien placer sur le pansement pour que l'onguent arrive sur la blessure. Je tourne un peu mon doigt pour que la partie collante adhère à ma peau et je tire avec mes dents sur l'autre bout pour qu'il colle. Voilà, j'ai réussi ! Pas mal du tout !

Maintenant, je reviens à mon avocat. Chacune de ses parties est sur la planche et il faut que je réussisse à en extraire la pulpe. Mais d'abord, il faut enlever le noyau… Comment faire pour qu'ils tiennent, ces deux morceaux d'avocat ? Ah, tiens ! Peut-être en les plaçant dans un petit bol ? Peine perdue, ça ne va pas beaucoup mieux. J'appelle maman, elle a peut-être une solution.

- Tu as un chiffon propre ? me demande-t-elle.

- Oui.

- Mouille-le un peu, tords-le et ta moitié d'avocat tiendra dessus pour que tu enlèves la pulpe.

- Ah oui, c'est vrai ! Merci.

Et ça marche. Je vais préparer des crevettes avec de la sauce pour fruits de mer, ce sera délicieux. Ce soir, je vais essayer de faire des boulettes, Marie-hélène aime ça. Et voilà, c'est ça, la vie quotidienne ! Quand je pense à l'ergothérapie et à ses activités de la vie quotidienne. On ne m'a amenée à la cuisine que deux fois : j'ai fait une sauce à spaghetti et un gâteau. Et l'ergothérapeute a jugé que ça allait.

****

Liliane m'a téléphoné la semaine dernière. Elle m'a demandé si j'accepterais de collaborer à un diaporama qu'une de ses collègues a à monter pour l'université. J'ai accepté de parler à cette physiothérapeute que je connais un peu pour qu'elle m'explique :

- Tu vois, on veut montrer tout le chemin parcouru par un hémiplégique. Alors, il faudrait une visite chez le médecin, de la physiothérapie, de l'ergothérapie, de l'orthophonie et une visite chez la travailleuse sociale… Tu serais accompagnée de ton mari… pas le vrai, c'est l'infirmier que tu connais, tu sais celui de ton étage ?

- Oui, le grand ?

- Oui… Vous arrivez pour la visite chez le médecin et partez ensemble après ton séjour.

- D'accord. Quand veux-tu faire ça ? Est-ce que ce sera tout fait en une journée ?

- Oui, toi, tu ne viens que pour les photos. Pourrais-tu mardi prochain ?

- Oui, bien sûr.

- C'est réglé, merci.

****

Aujourd'hui, c'est la première réunion de département à laquelle je participe. C'est la distribution de la tâche pour la session d'hiver. Même si mes cours sont choisis et acceptés, il est de mise que je me présente à cette réunion, ne fut-ce que pour faire un premier pas vers le travail ou simplement revoir mes collègues au collège. Je suis tout énervée ! En route avec Marie-hélène, qui m'accompagne pour l'occasion, je m'imagine entrer dans le local de réunion en fauteuil roulant, moi qui trouvais bien brave un collègue de mathématique qui rentrait dans le collège avec une canne. Aujourd'hui, je le comprends.

Marie-hélène pousse mon fauteuil et j'ouvre la porte. Quand on entre dans le local, on se retrouve en avant de la salle de cours, à côté de la place réservée au professeur. Mes 25 collègues sont déjà là, comme d'habitude. C'est un peu gênant ... Ils sont tous silencieux et, pendant que le fauteuil avance doucement vers eux, ils se lèvent et viennent doucement vers moi... Marie-hélène cesse de pousser le fauteuil et je les reçois l'un après l'autre : ils viennent m'embrasser et me souhaiter la bienvenue, chacun à sa façon ... Heureusement que je suis assise, car je crois que je ne tiendrais pas le coup. Je suis si émue que les larmes me montent aux yeux et je n'ai de cesse de les remercier. Je ne m'attendais vraiment pas à ces marques de tendresse et j'en suis toute bouleversée, incapable de dire autre chose que : « Merci ! ». Quand la ronde est terminée, Marie-hélène m'amène au fond de la classe où je peux les regarder tous et arriver petit à petit à me réintégrer au groupe sans dire un mot. Encore une étape du retour à la vraie vie !

Et on m'invite à venir au cocktail organisé par le département pour fêter la parution d'un livre d'une collègue. Je m'y rends seule cette fois-ci. Il faut que je m'habitue à sortir régulièrement de chez moi. Je sais, je ne devrais pas m'énerver, mais ce soir, ni Marie-hélène ni Marie-Claire ne sont là. Pendant le cocktail, je regarde mes amis et je cherche celui ou celle qui ne demeure pas trop loin de chez moi... Jérôme est là. Je ne sais pas si je dois oser... Quand il s'approche justement de moi :

- Jérôme, est-ce que je pourrais te demander un grand service ?

- Mais oui, qu'est-ce que je peux faire pour toi ?

- Tu sais, je n'aime pas beaucoup l'idée de rentrer seule. Est-ce que ça te dérangerait de venir me reconduire ?

- Oh, tu tombes mal, je reçois à souper...Mais tu sais, si tu veux venir souper avec nous, j'irai te reconduire après.

- Tu es certain ? Ça te dérangerait.

- Mais non, allez, accepte.

- Bon, d'accord, c'est gentil, merci.

- Es-tu prête à partir ?

- Oui.

Il va chercher sa voiture pendant que je vais le rejoindre à l'entrée principale et nous arrivons bientôt chez lui... Je n'ai pas pensé lui demander s'il y avait des marches à monter... Qu'est-ce que je vois quand il ouvre la porte ? Un escalier en colimaçon !

- Je ne pourrai jamais monter ça !

- Mais oui, viens, je vais t'aider. Dis-moi ce que je dois faire.

- Attends... c'est bon, il y a une rampe à gauche... Je la prends et tu restes à côté de moi à droite pour m'aider si j'en ai besoin, ça va ?

On commence à monter... Au début, ça va, mais à mesure qu'on monte, le côté de l'escalier où je me trouve rétrécit... Il faut que je mette mes pieds plus vers la droite, j'ai donc le bras gauche qui tient la rampe de plus en plus loin et, par conséquent, moins fort :

- Peux-tu m'aider à me soulever un peu ?

- ... Comme ça ?

- Oui, ça va, c'est parfait ... Encore ?

Et on arrive enfin en haut et j'ai tous mes morceaux. Le souper est excellent : Jérôme est un fin cuisinier. Ses amis sont agréables. Je suis très contente de ma soirée et je l'en remercie très fort.

Quand on arrive chez moi, il prend bien soin de venir me reconduire jusqu'à l'intérieur de la maison. Tout va bien jusqu'à ce que j'entre dans la cuisine : la petite Canèle s'est ennuyée. Elle a mangé le beau coussin qui était sur ma chaise, le coussin que ma grand-mère avait recouvert d'un de ses beaux tricots.

****

Au début décembre, j'apporte la dernière partie de mes notes de cours à la secrétaire en même temps que mon plan de cours :

- Dis-moi, as-tu terminé le travail que je t'ai apporté jusqu'à maintenant ?

- Non, je n'ai pas le temps. Je n'ai pas commencé et je ne sais pas si je vais avoir le temps de le faire.

- Mais c'est pour mes cours, cet hiver. Je t'apporte ça depuis septembre !

- On est débordées, Thérèse.

- Je ne t'ai jamais rien demandé, moi ! Et là, j'ai vraiment besoin que tu le fasses ...

- Je le sais bien, mais qu'est-ce que tu veux ? Il y a les examens, ça presse.

- Alors, redonne-moi mes notes, je vais m'arranger.

Et je sors du bureau dans tous mes états. Je n'ai pas vraiment de solution dans la tête… Je rencontre un professeur :

- Dis-moi, est-ce que tu sais qui est leur patron, aux secrétaires ?

- Non, demande à la secrétaire des Services pédagogiques.

- Je m'empresse de lui demander, elle me répond :

- C'est monsieur Pétel.

- Merci.

De retour chez moi, je téléphone à monsieur Pétel :

- Bonjour. Vous savez que je reviens enseigner en janvier…

Et je lui raconte l'histoire…

- Pauvre toi, Thérèse. Je ne peux pas faire grand-chose. Je vais aller la voir demain, mais tu sais, c'est vrai qu'elle a beaucoup d'ouvrage.

- Peut-être, mais elle aurait pu me le dire avant...

- Tu ne connaîtrais pas quelqu'un qui pourrait faire ça pour toi ?

- Je ne sais pas, je vais voir.

- Si tu trouvais, le collège assumerait les frais...

Et c'est ainsi que je dois fouiller dans mes connaissances ou ma famille. J'appelle ma belle-soeur qui est secrétaire chez *Bombardier*, mais je suis presque certaine qu'elle va refuser. Elle a assez de son travail, de son mari et de ses deux enfants. Je lui explique la situation :

- Non, malheureusement, moi, je ne peux pas, mais je viens de prêter ma machine à écrire à une copine qui n'a pas de travail. Elle se ferait sûrement un plaisir de faire ça pour toi. Je lui téléphone et je te rappelle.

- Merci.

Sa copine fait le travail et M. Pétel accepte d'assumer les frais. Je suis sauvée, mais toujours enragée.

CHAPITRE 14

Les défis de l'hiver (1984)... et les autres

À deux reprises, cet automne, j'ai essayé de me rendre au collège avec le service d'autobus pour handicapés, mais ça n'a vraiment pas été une merveille. Chaque matin, j'ai dû attendre plus d'une heure avant que l'autobus arrive. L'après-midi, pour revenir du collège, j'ai fini par appeler un taxi après avoir attendu aussi longtemps que le matin. Sans compter que j'ai toutes les peines du monde à monter à bord. Ces messieurs chauffeurs voudraient que je monte sur un mini-banc pour atteindre plus facilement le siège. Qu'est-ce qui m'assure que ce banc ne va pas glisser et m'envoyer à terre ?

Maintenant qu'on est rendu en janvier, il y a suffisamment de neige et de glace pour que j'ose réessayer ce moyen de transport qui me coûterait beaucoup moins cher. Hier, j'ai donc téléphoné pour qu'on vienne me chercher à 11h, ce matin. Vers midi, on sonne à la porte :

- Bonjour, c'est vous que j'amène ?

- Oui, j'arrive … Il y a de la glace… Où avez-vous stationné l'autobus ?

- Juste en face.

Quand j'arrive à la porte, je constate qu'il est bien de l'autre côté de la rue.

- Pourriez-vous aller chercher l'autobus et le reculer dans l'entrée de garage ? C'est ce que font les chauffeurs de taxi, c'est beaucoup plus facile pour moi. Surtout avec la glace qu'il y a, je ne pourrai jamais traverser la rue.

- Non, non, il n'y a pas de problème.

- Pouvez-vous au moins m'aider ? Me donner le bras ?

Il se place à ma gauche et vient pour prendre mon bras :

- Non, non, c'est moi qui vous prends le bras.

Je ne fais que de petits pas… je ne me sens pas en sécurité…, mais j'arrive à traverser la rue et à monter dans l'autobus. Ça commence bien mal. Quand nous arrivons près du collège, je demande à monsieur qui n'a pas l'air trop zélé :

- Est-ce que vous allez m'aider à monter l'escalier ?

- Nous, on monte trois marches.

- Mais il y en a une dizaine, vous ne me lâcherez pas à la troisième, non ?

- …

- J'espère que vous allez au moins aller chercher le gardien de sécurité à l'intérieur pour qu'il vienne m'aider ?

Il ne me répond pas, mais il le fait. Incroyable, mais vrai ! C'est alors que je renonce à ce moyen de transport. C'est à la suite de cet incident que Liette m'a présenté son chauffeur.

****

C'est aujourd'hui le grand jour ! Je suis partie de chez moi à 10h, accompagnée de Richard, mon chauffeur. Je peux prendre mon temps, je ne commence qu'à 11h. Tous mes effets sont prêts. Je suis venue la semaine dernière pour commander les livres à la Coop et prendre mes plans de cours à l'imprimerie. Il ne me reste qu'à aller chercher mon cahier de notes de cours. Cette semaine, c'est la présentation du plan de cours et le test de français écrit.

Il n'est pas question que je rentre dans la classe en fauteuil roulant. C'est déjà bien assez humiliant d'être affublée d'une canne à quatre pattes et de n'avoir qu'un bras de fonctionnel ! Liette m'a offert de porter mes plans de cours dans la salle avant que les étudiants arrivent. C'est une bonne idée puisque je ne pourrais jamais les transporter debout. Même assise, ce serait difficile : il faudrait que je les tienne sur moi et je n'aurais plus que ma bonne jambe pour faire avancer le fauteuil. De quoi aurais-je l'air ? Il ne faut pas que les étudiants se mettent à avoir pitié de leur pauvre prof éclopée.

Il est 11h moins 5, je quitte donc mon bureau debout pour me rendre à ma classe avant que le corridor ne soit plein. C'est moins dangereux même si on m'a installée dans le local le plus près de mon bureau. Je n'ai donc pas trop de témoins pour me regarder mettre la clé dans la serrure. De la main gauche, ce n'est pas un geste que je pose très naturellement. Alors, j'aime mieux qu'on ne me regarde pas, ça m'énerve ! Voilà, j'entre à petits pas, la serviette en bandoulière, je me rends au pupitre du prof qui est à côté de l'entrée. Ça ne me fait pas loin à marcher. De plus, j'ai toujours enseigné debout. Aujourd'hui, contrairement à mes vieilles habitudes, il va falloir que je m'assoie. Je ne sais pas quel effet ça me fera. Je tire la grosse chaise. Oh, il y a un tapis dans cette salle, je n'ai pas pensé que ça me causerait un problème… Heureusement, personne n'arrive. C'est drôle ça : mon patron a pris la peine de me demander de lui dire ce qu'il me fallait pour être à l'aise… j'ai oublié le tapis. Il a même fait installer une barre de soutien près du tableau pour m'assurer un appui si je perds l'équilibre en écrivant au tableau. Alors, pour le tapis, je vais voir : si je peux avancer et reculer la chaise dessus, ça ira … J'essaie de bouger la chaise, ça ne glisse pas … J'y arrive tout de même, il faut dire que c'est un premier essai, ça devrait aller mieux à la longue. Bon, maintenant, il faut que je la tire loin parce que j'ai besoin de beaucoup d'espace pour m'asseoir entre le pupitre devant et le tableau derrière. Une fois assise, il faut que je replace la chaise pour me sentir vraiment à la bonne place. Je tire le bras gauche de celle-ci en essayant de me soulever le plus possible… Elle bouge un peu... Maintenant, il faut que je me serve de ma main gauche pour avancer le côté droit… C'est plus difficile et la chaise bouge encore moins… Encore un petit coup ! Et là, ce n'est pas mal, me voilà installée. Personne ne réussira à me faire lever d'ici avant la fin du cours, ça, c'est certain.

Les étudiants commencent à entrer. Ils prennent un plan de cours dans la pile que j'ai placée sur le coin du pupitre. Quand ils sont tous là:

- Bonjour, mon nom est Thérèse Belzile. J'enseigne ici depuis 1971… Vous devez vous demander ce que j'ai. Aussi bien vous le dire tout de suite. J'ai subi un accident de voiture en 1981 : fracture du crâne ouverte, coma, paralysie de la partie droite du corps. Ne vous inquiétez pas. J'ai retrouvé toute ma tête …

Si vous voulez, on va regarder le plan de cours ensemble. Après, vous aurez à répondre à un questionnaire pour m'aider à voir un peu les connaissances que vous avez.

Tel qu'entendu, ils me remettent le test en sortant. Quand ils sont tous sortis, je me rends à mon bureau où ma collègue du bureau voisin, qui est là aussi à cette heure, vient me rejoindre deux cafés à la main. Ce matin quand je suis arrivée, elle est sortie de son bureau pour venir ouvrir la porte du mien. Elle pose ces gestes tout simplement, d'une manière naturelle, comme si ça allait de soi. Nous mangeons un peu avant de boire le café et je retourne en classe.

- Maintenant, écrivez un court texte d'une dizaine de lignes sur un sujet de votre choix. Il faut seulement que vous essayiez de ne pas faire de fautes. Je vous avise tout de suite que la correction est faite à l'aide de symboles dont vous trouverez la signification à la page 4 du plan de cours. Vous comprendrez que je dois maintenant écrire de la main gauche, alors pour les petites fautes, cela m'évite d'avoir à trop écrire...

En leur expliquant au début ce qui m'est arrivé, je voulais éviter de les avoir tous autour de moi à la fin du cours pour me poser des questions. Naturellement, il y en a quand même qui viennent me parler ... Tout se passe bien, je sens que je suis repartie.

Je range mes papiers et je reprends le corridor vers mon bureau. Avant de quitter le collège, je commence à corriger les copies. Je suis très contente de cette première journée. Ça ne m'a pas semblé difficile. La seule chose qui m'énervait un peu, c'était mon apparence. C'est drôle, je n'ai jamais été vraiment dérangée par ça. À ceux qui me disaient : « Mais de quoi tu vas avoir l'air ? », j'ai toujours répondu : « Ce n'est pas l'air qui compte, c'est la chanson. » Aujourd'hui, je me rends compte que je m'énervais pour rien, je me retrouve comme je me sentais il y a deux ans, même si j'ai l'impression que ça fait beaucoup plus longtemps que ça. Et la vie continue ...

En rentrant chez moi, je me retrouve avec les problèmes que me cause la SAAQ (Assurance automobile du Québec). J'ignore si c'est une coïncidence avec mon retour au travail ou si c'est normal dans le fonctionnement de cette société d'assurances, mais on me coupe les remboursements pour l'aide à domicile. Est-ce possible ? Au moment où j'en ai le plus besoin. On s'imagine peut-être que si je retourne travailler, c'est que je suis en grande forme et que je peux faire la cuisine, les commissions, le ménage et tout le tralala en plus de mon travail. Il va falloir que je conteste encore, que j'aille défendre ma cause. Mais en attendant que ça aboutisse, je n'aurai pas l'argent et je devrai quand même payer Marie-Claire, ça, ils s'en foutent ces gens de la SAAQ.

Finalement, ça va en avril avant que je sois entendue. Papa m'accompagne. Les bureaux sont au Complexe Desjardins. Quand on entre là, il y a plein de monde. Papa s'informe. On doit monter, mais on a beau regarder à gauche, à droite, en avant, en arrière, il n'y a pas la lueur d'un ascenseur. Le gardien de sécurité nous indique un escalier mobile. Papa me regarde :

- Es-tu capable de monter là-dedans ?
- Certainement pas ! Il n'y a pas d'ascenseur ?
- Non, répond le gardien.
- Voyons donc ! dit papa.
- Où allez-vous ?
- À la Société d'Assurances Automobiles, répond papa.
- Oh, il y a bien un monte-charge. Si vous le voulez, je vais vous faire monter par là ?
- Oui, allons-y, dit papa.

Et c'est une longue marche pour arriver au monte-charge et se rendre ensuite au bureau de la SAAQ.

Dans la salle d'audience, nous sommes assis à une table avec des gens qui nous posent quelques questions. On croit que je peux me faire à manger. Celui qui préside me dit :

- Ne venez pas me dire que vous ne pouvez pas vous faire un sandwich.

Papa est assis à côté de moi. Je ne lui vois pas l'air, mais lui doit voir le mien. La réponse vient vite :

- Monsieur, sachez que la pire chose à faire dans une cuisine de la seule main gauche, c'est un sandwich. Essayez vous-même de beurrer une tranche de pain d'une seule main.

Sans autre commentaire, il m'accorde l'aide qui m'avait été enlevée … pour les six prochains mois. C'est là que j'apprends que les décisions de la SAAQ ne sont que pour six mois à la fois. Je comprends maintenant pourquoi on a arrêté de payer. De plus, quand elle daigne payer, la Société n'assume qu'une maigre fraction des vrais coûts. Pendant les deux malheureuses années où j'ai eu de l'aide (si l'on peut appeler ça ainsi), il m'en a coûté $20,000, alors que la SAAQ ne m'en a remboursé qu'au plus $6,000, même si j'ai couru après.

Plus tard, je serai obligée d'aller jusqu'en Cour des Affaires sociales pour obtenir le remboursement de mes frais de taxis pour me rendre au travail.

Quand nous arrivons à la maison, j'offre à papa de venir prendre une bouchée. Il accepte. Nous entrons, il n'y a personne : Marie-hélène est à l'école et Marie-Claire suit un cours de massothérapie. Nous arrivons dans la cuisine : les trois grands comptoirs sont remplis de vaisselle sale. Papa réussit à sortir des assiettes de l'armoire et à prendre un morceau de fromage et des biscottes. Puis, au moment de servir le café, il cherche un cendrier avant d'allumer une cigarette…

- Tu n'as pas de cendrier ?

- Oui, bien sûr, j'en ai, mais je ne sais pas si tu arriveras à en trouver un propre… Regarde dans le salon…

- … Je n'en vois pas… Je vais en laver un…

Je suis tellement fâchée que je ne trouve rien d'autre à dire que :

- Je serais bien mieux toute seule, ma foi !

- Voyons donc, tu sais très bien que tu ne pourras jamais plus te passer d'aide.

Voilà le grand mot lâché ! Je ne sais pas s'il en est conscient ou non, mais mon père a toujours su me lancer des défis. À partir de ce jour, j'ai décidé que j'arriverais à me passer de tous ces semblants d'aide qui sont en train de me rendre folle. D'ailleurs, depuis septembre, Marie-Claire ne travaille pas les fins de semaine. J'ai commencé à faire cuire quelques viandes, quelques légumes. J'ai même fait un bouillon de soupe. Je vais continuer à pratiquer toutes les fins de semaine. Je m'en sortirai bien un jour …

Les cours vont bon train, je ne vais au collège que deux jours par semaine, ce n'est pas terrible. Mes étudiants sont gentils et toujours prêts à m'aider. L'un d'eux étudie pour devenir inhalothérapeute. Quand j'apprends cela, je lui montre la cicatrice que j'ai dans le cou, suite à une trachéotomie. Je ne sais pas si c'est cela qui l'impressionne, mais quelques jours plus tard, il m'explique qu'il n'est pas certain d'avoir choisi la bonne concentration.

Quand j'arrive chez moi, je n'ai qu'une soixantaine de copies à corriger, deux fois moins que les autres et j'ai deux fois plus de temps. Alors, même si je n'écris pas vite, je passe à travers facilement. Je crois que l'année prochaine, je vais donner deux cours à la première session et trois à la deuxième. Comme ça, je finirai par faire une semaine normale.

Quand je reviens porter mes notes à la fin de la session, une étudiante vient me voir à mon bureau pour me demander sa note finale.

- Attends que je regarde, je ne m'en souviens plus … Oh, mais tu as réussi à avoir 60% juste.

- Oh, je suis si contente ! Vous savez, je pensais ne jamais réussir un cours de français. J'étais nulle, je l'ai échoué à l'automne, mais quand j'ai vu le courage que vous avez eu pour vous sortir de là, je me suis dit : « Toi, ce n'est qu'un petit cours de français que tu as à réussir, force-toi et tu vas l'avoir ! Je me suis forcée… et je l'ai eu, je suis si contente !

- Moi aussi, je suis contente pour toi. Maintenant, il faut que tu continues dans le même esprit.

- Je vous le promets.

- Tu as compris que quand on veut, on peut ?

- Je crois maintenant que c'est évident.

- Alors, bonne chance !

- Merci.

C'est sur cette note positive que se termine ma première session de travail. Je ramasse mes affaires et quand j'ai fini de ranger mon bureau, je m'en vais pour les longues vacances d'été. Je rencontre Jérôme qui attend l'ascenseur, sa serviette à la main :

- Allo Thérèse, tu as terminé ?

- Oui, je suis venue porter mes résultats. Et toi ?

- J'ai terminé aussi… mais c'est une façon de parler, je commence ce soir un cours d'été. C'est moins drôle, ça.

- Mon Dieu, veux-tu que je le donne à ta place ?

- Tu n'es pas fatiguée ?

- Non, tu comprends, je n'ai donné que deux cours.

- Eh bien, je te laisserais bien le donner à ma place…

- Ce n'est pas long quand même, les cours d'été.

- Oui, une chance ! Voilà, nous sommes arrivés.

- Bon cours … et bonnes vacances après !

- Merci … bonnes vacances, toi aussi !

****

Aujourd'hui, je vais à la Villa Médica rencontrer le médecin de la SAAQ pour l'évaluation des séquelles anatomophysiologiques qui donnent droit à un montant forfaitaire. Quand j'arrive dans son bureau, ce médecin que je ne connais pas me fait asseoir devant lui et se met à me poser des questions relatives au traumatisme crânien. Puis :

- Pouvez-vous vous lever ?

- Oui, bien sûr.

- Je me lève…

- Pouvez-vous marcher ?

- Je prends ma canne…

- Non, sans votre canne… Essayez.

- Non, j'ai peur. Je ne peux même pas faire un pas, je n'ai pas d'équilibre…

- Bon, alors, asseyez-vous. Avez-vous remarqué quelque chose de différent depuis l'accident ?

- Qu'est-ce que vous voulez dire ? Il y a beaucoup de choses différentes : je ne peux plus écrire de la main droite… ni rien faire avec elle d'ailleurs…

- Non, ce que je veux dire, c'est plus au niveau de votre fonctionnement intellectuel… la mémoire, par exemple…

- Ah oui, une chose est certaine : j'ai l'impression d'avoir plus de mémoire… mais c'est peut-être parce que mon cerveau est moins occupé... Avant, je ne pouvais pas retenir un numéro de téléphone, maintenant, je le fais régulièrement...

\- Bon, autre chose ?

\- Pas vraiment ...

\- Alors, ce sera tout. Ça m'a fait plaisir de vous rencontrer et bonne chance !

\- Merci.

C'est mon dernier rendez-vous avant de partir pour Saint-Sauveur avec Marie-hélène. Oui, cet été, j'ai décidé de louer un motel avec cuisinette au Mont-Habitant. Je serai enfin seule avec ma fille pour une semaine. C'est mon chauffeur, Richard, qui nous y amène. J'ai apporté ce qu'il faut pour déjeuner et quelques plats cuisinés. On soupera au restaurant au bout du motel. C'est là que se trouve la piscine où Marie-hélène va sûrement passer ses grandes journées.

Aujourd'hui, il fait beau et chaud. Quand on a fini de s'installer, on enfile nos maillots et je dis à Marie-hélène :

\- Tu n'es pas obligée de m'attendre, je vais te suivre.

\- Pour la première journée, je vais rester à côté de toi. On va voir si tu peux le faire seule, d'accord ?

\- Oh, tu es bien gentille, d'accord.

Je vais à la piscine, même si je ne me baigne pas. J'ai apporté des *Tintin*. C'est ma lecture de détente cet été. Oh, j'ai bien apporté un Boris Vian, mais au soleil je crois que les bandes dessinées suffiront. On est là depuis quelque temps lorsque Marie-hélène s'approche de moi, toute dégoulinante... Elle a trouvé une bouteille en plastic, elle l'a remplie pour venir me rafraîchir.

\- Où veux-tu que je te l'envoie ? dit-elle.

\- Oh, attends une minute, ça va être froid. Disons que tu en verses un peu sur mes cuisses pour commencer ? Doucement...

\- Comme ça ?

\- Oh oui ... tu peux là ... Ça fait du bien, merci ... Je te vois jouer avec ces petites filles, elles ont l'air gentilles.

\- Oui, tu sais, elles sont avec leurs parents au motel à côté du nôtre.

Voilà de la compagnie pour Marie-hélène. Deux toutes petites filles, trois ans et quatre ans, Marie-hélène aime beaucoup les enfants.

Je les regarde jouer dans l'eau. Moi, j'ai bien trop peur pour y aller. Nu-pieds, je ne pourrais jamais et je ne veux pas descendre avec mes souliers et l'orthèse dans l'eau. Même si j'y arrivais, je n'aurais même pas de plaisir tant ça me coûterait d'efforts. Aussi bien rester tranquille ici, les chaises sont confortables et je peux me glisser sous un parasol si j'ai trop de soleil... et Marie-hélène m'arrose !

... ...

Ce dernier soir de nos vacances, nos voisins nous ont offert d'aller souper avec eux au village. Tout le monde est très content. Au cours de la conversation, le père me propose :

- Si vous venez l'an prochain, il faudrait bien qu'on réussisse à vous faire descendre dans la piscine, je vous aiderai.

- Mais je ne peux pas me tenir debout sans orthèse.

- Qu'à cela ne tienne, je vais vous descendre dans mes bras !

- J'ai peur !

-Vous avez toute l'année pour contrôler votre peur, vous apporterez des souliers de course, vous pourrez les garder dans l'eau.

- Ça, c'est une bonne idée ... Vous venez les mêmes semaines ?

- Oui.

- Alors, on va essayer de faire la même chose, merci.

C'est sur ce nouvel espoir que prend fin notre séjour ensoleillé.

En rentrant à la maison, Marie-hélène ramasse le courrier. Il y a une enveloppe de la SAAQ qu'elle s'empresse d'ouvrir ...

- Maman, c'est un gros chèque.

- Mon forfaitaire, montre.

En lisant les explications, je constate que j'ai obtenu le montant maximum. Même si je suis très contente, je ne comprends pas. Je n'ai quand même perdu que l'usage d'un bras. Plus

tard, j'apprendrai que ce seul handicap me mérite le forfaitaire
maximum.

Épilogue

Du jour au lendemain, j'avais perdu toutes mes clés... Je n'avais plus de clé pour rentrer à la maison..., plus de clé pour ouvrir la porte de la cuisine, de la salle de bain, de ma chambre, de la chambre de ma fille... Je n'avais plus de clé pour me rendre au collège, plus de clé pour sortir, aller au cinéma, au théâtre, au restaurant, pour aller danser ou jouer au tennis... Plus rien n'était possible...

Ainsi démunie, je n'ai quand même jamais voulu croire que tout était fini, que je les avais perdues à jamais, ces clés. Je n'ai pas accepté de me décourager. Petit à petit, lentement, j'ai d'abord récupéré mon corps, du moins la partie essentielle qui me permettrait de recouvrer la vie, ma vie, celle qui m'était si chère.

Puis, j'ai retrouvé la clé de ma demeure... Quand j'y suis entrée la première fois, le sentiment d'y avoir vécu une autre vie auparavant hantait mon esprit comme on le sent parfois au retour d'un long, long voyage. Et le temps faisait son œuvre. À mesure que les jours passaient, j'apprivoisais les lieux et lentement, ils redevenaient les miens. Pourtant, pour un long moment au début, je n'avais récupéré que la clé de ma chambre. Au moins, je pouvais alors serrer ma fille contre mon cœur ! Certes, le fauteuil roulant m'a rendu possibles les plus courts déplacements, mais la clé de la liberté commande la marche sur ses deux jambes. Déjà, quand la mobilité est réduite, bien assez de lieux sont difficilement accessibles. En fauteuil roulant, c'est toujours très compliqué, souvent impossible. Marcher, c'est la clé de l'autonomie.

La clé de la cuisine m'a donné la liberté de choisir les aliments et de les apprêter à ma façon. Enfin, celle de la salle de bain m'a rendu mon intimité.

La clé de mon bureau m'a donné l'accès au travail, condition primordiale à mon bonheur. Cette clé m'ouvrait en même temps la porte du collège où je pourrais continuer à m'épanouir. C'est dans ces lieux que j'ai retrouvé une à une mes clés de professeur : déjà, un an après mon retour, c'est la clé de l'initiative que je retrouvais en acceptant d'essayer une nouvelle formule pédagogique. C'est ce projet qui m'a ramenée à siéger à la Commission pédagogique pour faire valoir mes idées. Par la suite, une autre clé m'est revenue. J'ai retrouvé cette autre clé quand des professeurs de français d'autres collèges sont venus me rencontrer pour me poser quelques questions relativement à une recherche sur la lecture que j'avais faite deux ans avant l'accident. J'ai aussi été approchée par le Conseil de la langue française pour les résultats de cette même recherche. Peu d'années après mon retour au travail, on m'a invitée pour expliquer des techniques de lecture à un colloque de professeurs de philosophie comme je l'avais été à celui de professeurs de sciences en 1980. C'était mon premier déplacement dans un autre collège. En 1994, j'expliquais ces résultats à un chercheur du Laboratoire de recherche sur le comportement social de l'UQAM. C'est dans ces années que je me suis décidée à retourner au colloque de l'Association des Professionnels de l'Enseignement du Français au Collégial pour y rencontrer d'autres professeurs, même si je devais y circuler en fauteuil roulant pour m'éviter une trop grande fatigue.

Quelques années après l'accident, j'ai retrouvé la clé de mon expérience comme coordonnatrice provinciale quand le téléphone inattendu d'un professeur en rédaction de thèse devait m'obliger à fouiller dans mes papiers pour retrouver un rapport que j'avais produit à l'intérieur de mes fonctions. Enfin, j'ai préparé un *Précis de rédaction et de grammaire* pour mes étudiants du cours de mise à niveau en français écrit. J'ai toujours en main un manuel de poésie prêt pour la publication.

Dernièrement, le directeur du personnel m'avouait :

- Tu sais, Thérèse, pendant la première session où tu circulais dans les corridors du collège après ton accident, quand je te voyais marcher jusqu'à l'ascenseur, je me demandais toujours si tu allais te rendre…

Évidemment, ma condition s'est quelque peu améliorée depuis seize ans. À force de traverser les corridors, je suis devenue de plus en plus sûre de moi, c'est ce qui m'a permis, petit à petit, de retrouver la clé de toutes les portes. Pendant longtemps, j'ai dû attendre que quelqu'un soit là pour m'ouvrir chacune des portes lourdes qui referment quand on ne les tient pas. Petit à petit, j'ai essayé de rentrer seule en arrivant au collège. J'ai fini par y arriver. Ce qu'il m'a fallu de réflexions pour arriver à coordonner dans ma tête les mouvements nécessaires pour réussir à ouvrir la porte, à la tenir pendant que j'entre et à la retenir pendant que je prends ma canne à l'extérieur pour la placer au bon endroit à l'intérieur, tout cela sans perdre l'équilibre et d'une seule main. Ça, c'est quand la porte ouvre vers la droite extérieure. J'ai dû trouver une technique pour les portes que l'on pousse vers la gauche comme pour celles que l'on pousse vers la droite. J'ai fini par ne jamais être bloquée par une porte.

Du côté de ma condition physique, j'ai réussi à trouver une clé qui a contribué à mon mieux-être. Il y a quelques années, je suis allée voir un orthothérapeute qui m'a libérée de l'orthèse plantaire, des orthoplasties*, de l'orthèse au genou. Tout ça avec une diminution de la douleur.

Enfin, à l'été 2000, pour fêter ma retraite, cette clé qui permet l'ouverture sur le monde, je me suis rendue à Paris, au Congrès de la Fédération internationale des professeurs de français. J'ai aussi essayé les croisières pour me rendre compte que c'est la façon idéale de voyager en fauteuil roulant.

Pour couronner cette renaissance, j'ai participé à une soirée bénéfique de la Fondation Marie-Robert qui œuvre pour les traumatisés crâniens.

Enfin, j'ai trouvé un professeur de piano qui a la patience de me montrer à jouer d'une seule main.

Puis, cet ami qui avait si bien préparé mon voyage à Paris et en Corse me demande de faire de la promotion pour offrir des possibilités de voyager aux personnes à mobilité réduite.

---

* soutien modelé sur la forme des orteils qui sert à assurer à ces dernières une position stable adéquate.

221

Merci à

François Belzile, Geneviève Beyries, Jean-Charles Castonguay, Marie-Julie Dallaire, Normand Dionne, Danielle Dumont-Frenette, Alice Gadbois, Marie-hélène Saint-Amour, Jérôme Savoie

et un merci tout spécial à Louise Belzile.

ISBN 142511640-X

9 781425 116408